主　编　厉　声

副主编　李　方（常务）　李国强

编委会成员（按姓氏笔画排列）

于　永	于逢春	马品彦	王利文	方　铁	厉　声	冯建勇
毕奥南	吕文利	许建英	孙宏年	孙振玉	李　方	李国强
张永攀	周建新	孟　楠	段光达	倪邦贵	高　月	崔振东
翟国强						

中国社会科学院中国边疆史地研究中心　**厉声 主编**
当代中国边疆·民族地区典型百村调查：**内蒙古卷（第二辑）**
分卷主编：**于　永　毕奥南**

富裕地村方位图

文明村奖

富裕地村党务公开栏

富裕地村村部

棚花

井水

封山育林30年的大富裕沟村

京津风沙源治理工程标示牌

京津风沙源治理工程标示牌

草蘑

龙须蘑

肉蘑

集市贸易与行商

集市贸易与行商

位于马场沟村村口的赤承公路收费站

王爷府正门及广场

富裕地村小学

建于20世纪70年代的民居

建于21世纪初的民居

冬天里的老公地村

中国社会科学院中国边疆史地研究中心 厉声 主编
当代中国边疆·民族地区典型百村调查：内蒙古卷（第二辑）

燕北山区的蒙汉杂居村
——内蒙古喀喇沁旗王爷府镇富裕地村调查报告

于永 等 ◎ 著

社会科学文献出版社
SOCIAL SCIENCES ACADEMIC PRESS (CHINA)

"当代中国边疆·民族地区典型百村调查"
总 序

深入实际、开展国情调研,是中国社会科学院肩负的重要科研任务,也是中国社会科学院履行好党中央、国务院赋予的"思想库"、"智囊团"职能的重要方式。中国边疆省区占国土面积的60%以上,边疆区情及当地的民族社会调研(边疆调研)是中国国情调研的重要组成部分。正如一位边疆工作者所说:不了解少数民族,就不了解中华民族;不了解边疆,就不了解中国。1983年中国社会科学院中国边疆史地研究中心建立后,特别是1990年以来,一直将边疆调研作为学科研究的重点之一。

2004年,中国边疆史地研究中心承担国家社科基金特别项目"新疆历史与现状综合研究"(简称"新疆项目")。2006年,中国边疆史地研究中心牵头,立项开展"当代中国边疆·民族地区典型百村调查"(简称"百村调查"),作为此特别项目的子课题。"百村调查"以新疆为重点,在全国新疆、西藏、内蒙古、宁夏、广西五个民族自治区和云南、吉林、黑龙江三省基层地区同时开展,共调查100个边疆基层村落。调查工作在"新疆项目"领导小组和专家委员会指导下,由"百村调查"

专家委员会暨编委会组织实施。在中国边疆史地研究中心主持拟定的调查大纲框架下，发挥每个省区的优势，体现各自的特色。

本项目的实施得到了边疆地区各级地方党政部门的支持。首先，调查工作注意与地方党政部门的相关工作衔接、听取意见，在实施调查之前，主动向各级党政部门汇报情况，听取指示和意见。其次，调查组主动让各级党政部门了解调研的全过程，在调研过程中出现问题时及时向相关党政部门请示。再次，调研阶段成果和最终成果的副本同时提供地方党政部门参考。

"百村调查"的调研主题是：改革开放30年来中国边疆基层村落的民族社会和经济发展的历史与现状。具体内容包括：乡村概况、基层组织、经济发展、社会生活、民族、宗教、文教卫生、民俗风情等。项目调研的时间是：2007~2008年（资料下限至2007年底或适当延长）。

"百村调查"的调研对象为：100个具有典型意义与特色的中国边疆基层村落。课题以基层乡、村两级为调查基点，大致每个省区选择2个地州，每个地州选择1~2个县，每个县选择2个乡，每个乡选择2个村。新疆共调查22个村，其他地区均为13个村（辽宁、吉林、黑龙江以东北边疆为单元，共调查13个村）。调查点的选择要求：

（1）本地区社会稳定与经济发展中具有典型意义的基层乡和村。

（2）存在边疆现实政治、社会或经济发展的热点、难点问题。

（3）与20世纪50年代全国边疆民族调查能有一定的衔接。

"百村调查"采取学术调查与现实政治相结合的方法，以社会人类学入村入户调研方法为主，同时关注现实政治、社会与经济发展中的热点、难点问题：一般共性调查与专题专访调查相结合，在一般综合性调查的基础上，选择好专访或专题调研的"切入点"——总结经验与完善不足相结合，在总结各项工作经验的同时，善于发现问题和提出解决问题的对策与建议。调研注重入户访谈和小范围座谈的专访调查。在一般性问卷和统计资料收集的基础上，注重对基层干部、群众典型、教师、宗教人士等特定人员的专题访谈，倾听和收集他们对基层社会稳定与经济发展的看法、意见和建议，形成能说明问题的专访或专题调研报告。

"百村调查"的成果形式分为调查综合报告与专题报告两大类。

（1）调查综合报告：依据大纲规定，撰写有关乡村经济社会等发展状况的综合报告，课题结项后分期公开出版。专题报告及调查资料可以公开发表的，在篇幅允许的情况下，作为附录附在综合报告末尾。

（2）专题报告：内容较敏感、不适宜公开出版的专题报告，集成《专题报告集》，内部刊印。

"百村调查"总主编　厉声　谨识
2009年8月25日

目 录
CONTENTS

序　言／1

第一章　概况／1
　　第一节　自然概况／1
　　第二节　社会概况／11
　　第三节　历史及传说／23

第二章　基层政权建设／31
　　第一节　党团组织／31
　　第二节　村"两委"制度建设／36
　　第三节　村"两委"工作情况／42

第三章　经济发展／56
　　第一节　农业／56
　　第二节　养殖业／95
　　第三节　商业／110
　　第四节　其他产业／116
　　第五节　务工／118

第四章 社会生活 / 125
　第一节 婚姻 / 125
　第二节 家庭 / 130
　第三节 日常生活 / 136
　第四节 人口流动 / 154

第五章 文化、教育、卫生 / 157
　第一节 文化 / 157
　第二节 教育 / 170
　第三节 卫生 / 185

第六章 生态环境 / 202
　第一节 生态环境的演变 / 202
　第二节 生态环境变化的原因 / 208
　第三节 环境治理与保护措施 / 216

后　记 / 219

图目录
FIGURE CONTENTS

图 1-1　远眺北山／3

图 1-2　郁郁葱葱的南山／3

图 1-3　冬季的锡伯河／4

图 1-4　1961~1999年富裕地行政村人口变动曲线图／15

图 1-5　1961~1999年富裕地行政村户数变动曲线图／17

图 2-1　栽种在冷棚里的花／44

图 2-2　大富裕沟村村路／46

图 3-1　引锡伯河河水的水渠／59

图 3-2　家中的压水井／60

图 3-3　抗旱用的机电井／61

图 3-4　山脚下的玉米和向日葵／63

图 3-5　冷棚的支架／71

图 3-6　滑子菇食用菌大棚／73

图 3-7　覆地膜的玉米／77

图 3-8　铁犁／78

图 3-9　石磙／78

图 3-10　木柄镰刀／79

图 3-11　木柄九齿耙子／80

图 3-12　碌碡／80

图 3-13　木柄刮锄子／81

图 3-14　粪梭子／81

图 3-15　耢／82

图 3-16　拨梭／82

图 3-17　农用手扶拖拉机／83

图 3-18　土地承包合同／91

图 3-19　庭院里的菜圃／94

图 3-20　圈养牛／96

图 3-21　王爷地商店一角／112

图 4-1　安装在房顶的太阳能热水器／148

图 4-2　屋门上贴的挂钱儿／153

图 5-1　老公地村东的土地庙／168

图 5-2　合作医疗证／197

图 5-3　富裕地医疗室的药房／199

图 6-1　村民存放的干松树枝／207

图 6-2　富裕地村1961~2000年及2009年牲畜变化图／215

表目录
TABLE CONTENTS

表1-1　1961年以来富裕地村民族人口情况表／13

表1-2　大富裕沟村民手机及固定电话统计表／22

表1-3　2008年老公地村姓氏情况统计表／29

表1-4　2008年大富裕沟村姓氏情况统计表／30

表2-1　中共富裕地村党总支党员花名册／32

表3-1　富裕地村耕地状况表（1980~2000年）／56

表3-2　富裕地村耕地类型表／57

表3-3　2008年富裕地村第七村民小组粮食种植情况表／63

表3-4　1990~2000年富裕地村地膜覆盖耕地面积变动表／76

表3-5　2008年大富裕沟村21户村民农业生产支出（估算）表／86

表3-6　1982~1994年富裕地村各组口粮田面积表／88

表3-7　富裕地村各组机动田、双营田、费用田、承包田面积表／88

表3-8　大富裕沟村庭院种植统计表／92

表3-9　2008年大富裕沟村（五、六、七组）家畜家禽养殖情况表／97

表 3 - 10 富裕地村 1961~2000 年及 2009 年牲畜数量变动表 / 97

表 3 - 11 2009 年年底富裕地村基础母羊数量表 / 100

表 3 - 12 2009 年富裕地村基础母牛情况表 / 102

表 3 - 13 富裕地村贸易圈中的集市（2008 年）/ 113

表 3 - 14 刘丽饭店部分菜谱及价格（2009 年）/ 116

表 3 - 15 大富裕沟村外出务工人员情况表（2008 年调查）/ 120

表 4 - 1 富裕地村第七村民小组饮食消费表（2008 年 8 月调查）/ 142

表 5 - 1 截至 2008 年 8 月大富裕沟村电视普及情况表 / 164

表 5 - 2 1978~2000 年富裕地村升入大中专学生统计表 / 183

表 5 - 3 富裕地村第七村民小组 30 岁以上村民伤病情况表 / 186

表 5 - 4 大富裕沟村部分家庭医疗支出表 / 196

表 6 - 1 2008 年夏富裕地村第七村民小组人口耕地面积表 / 211

序 言
FOREWORD

"当代中国边疆·民族地区典型百村调查"是2004年度国家社会科学基金特别项目"新疆历史与现状综合研究项目"的子课题。内蒙古自治区既是中国少数民族聚居地区,又是中国边疆地区,于是顺理成章成为这个子课题的有机组成部分。按照课题的整体设计,内蒙古自治区需要调查13个典型村。由于多年合作关系,项目主持单位中国社会科学院中国边疆史地研究中心决定依托内蒙古师范大学历史文化学院,委托院长于永教授和中国社会科学院中国边疆史地研究中心的毕奥南研究员共同主持内蒙古自治区的子项目。

接受任务后,根据内蒙古地域辽阔、农村牧区基层社会类型多样的具体情况,在选择典型村时,我们考虑了以下几个标准:第一,选择的典型村应该覆盖内蒙古的东西南北。因为内蒙古东西部经济文化以及地理因素存在诸多差别,南北风貌也不尽一致,所以典型村的选择如果集中在一个地区,很难反映内蒙古作为边疆民族地区的全貌。我们认为应该在内蒙古的各个盟(市)范围内,尽量做到每个盟(市)选择一个村(嘎查)。第二,需要兼顾内蒙古不同地区的不同经济社会类型。广袤的内蒙古自治区有农区、牧区、半农半牧区；有城乡结合地区，还有边境地区；有蒙古族聚居区，有汉族聚居区，还有其他少数民族聚居区，还有蒙汉杂居地区。因此，典型村的选择必须兼顾这些类型差异。

根据上述考虑，我们在内蒙古最东部的呼伦贝尔市（原呼伦贝尔盟）选择了额尔古纳市恩和村。这个村既是中国俄罗斯族聚居区，又是中国东北部与俄罗斯临界的边境村。从该村社会发展可以观察中国边境地区俄罗斯族经济文化变迁轨迹。

在兴安盟选择了科尔沁右翼中旗高力板镇的国光嘎查。这是清末蒙地放垦后形成的村落，经济形态上经历了由牧到半农半牧的演变，在民族成分上是蒙汉杂居地区。由于地理区位上处于两省区（内蒙古自治区与吉林省）三地（吉林省通榆县、兴安盟奲特旗、本旗所在地巴彦呼舒镇）之间，经济发展思路值得关注。

通辽市（原哲里木盟）是全国蒙古族人口聚居比例最大地区。我们在该地区选择了三个村，分别是扎鲁特旗东南部道老杜苏木保根他拉嘎查和扎鲁特旗西北部鲁北镇的宝楞嘎查，以及科尔沁左翼中旗白音塔拉农场二爷府村。这三个村都是蒙古族聚居的农业村落。扎鲁特旗的两个嘎查是清末蒙地放垦以后，在牧业地区逐渐形成的农业村落。新中国成立以后国家在内蒙古自治区建立了很多农场，对于科尔沁左翼中旗白音塔拉农场二爷府村的调查能够让我们对内蒙古地区农场的变迁及其经营现状有一个认识。

赤峰市喀喇沁旗地处燕山山脉深处，是清代前期（康熙）开始农耕化的地区，历经几百年，当地的蒙古族已经汉化，现在是以农业为主业、牧业为副业、汉族人口占多数的蒙汉杂居地区。喀喇旗王爷府镇富裕沟村是内蒙古的山村,对该村的调查能够开启一个窗口,了解内蒙古南部地区农村社会的基本情况。

锡林郭勒盟地处中国正北方大草原,正蓝旗赛音胡达嘎苏木和苏尼特左旗赛罕高毕苏木是典型的牧区,这两个地区保留着传统蒙古族的生产生活方式,受农耕文化的影响比较小。正蓝旗是察哈尔蒙古族聚居区,赛音胡达嘎苏木地处浑善达克沙地,传统牧业经济由于受生态环境恶化影响,已经难以发展。苏尼特左旗地处内蒙古的北部,是紧邻蒙古国的边境旗,因为环境恶化严重,正在执行"围封转移"政策。对这两个牧区嘎查的调查,可以让人们了解到草原生态形势严峻,以及牧业经济发展的困境。进而引发的思考是,在发展经济的同时,蒙古族传统文化怎样迎接社会转型的挑战?

呼和浩特市清水河县的窑沟乡老牛湾村,是内蒙古南部地区与山西偏关临界的一个山村,地处黄土高原丘陵区,临黄河和长城,与山西省仅一河之隔,在清代前期即有山西移民进入,是山西移民在内蒙古组成的汉族村落,也是有名的贫困地区。调查者以扶贫挂职方式深入当地生活,与当地干部密切合作,回顾历史发展历程,探索新的发展思路,尝试揭示这个村的前生今世。

呼和浩特市土默特左旗小浑津村是城乡结合部的蒙古族村落,这里蒙古族居民的语言和生产方式已经汉化,但是还保留着浓厚的蒙古族习俗。面临社会转型,生产方式改变,这个蒙古族村落如何保留自己的习俗,调查者希望通过努力,来揭示民族文化变迁的轨迹。

鄂尔多斯市(原伊克昭盟)准格尔旗十二连城乡五家

尧村濒临黄河，现是内蒙古自治区的新农村建设示范点。村落社区面临全面转型。既有生产、生活方式的变革，也有社区治理格局的转变。调查者准备对这种转型进行截面式描绘，展示该村改革开放以来取得的成绩及存在的问题。

巴彦淖尔市（原巴彦淖尔盟）杭锦后旗双庙镇继丰村地处河套平原与乌兰布和沙漠交会处，是内蒙古地区近代典型移民村。这里自然环境恶劣，但居民顽强地适应了生存环境，并通过长期奋斗使环境沙化得到遏制。改革开放30年来，这里的社会经济得到长足发展，调查者拟通过实地走访，入户恳谈，努力勾勒这个村的发展历程。

包头市达尔罕茂明安联合旗明安镇白音杭盖嘎查地处大青山北，是蒙古族为主的纯牧业区，因为生态环境恶化，根据国家政策已经全部禁牧。但是，如何安置当地牧民，涉及诸多问题，这在内蒙古地区推行城镇化及生态移民的实践中具有典型意义。

在初步择定调查点后，为了保证调查工作顺利实施，为了能够得到真实的调查材料，课题组采取了以下措施：

第一，选择熟悉典型村的专家学者担任主持人。内蒙古地区13个典型村的负责人可以分成两种类型：一种是在该村生活数年或者十多年，与村民熟悉，对该村的情况比较了解的人员；另一种是在调查村有特别熟悉的人员，能够起到引荐的作用。鄂尔多斯市五家尧村、巴彦淖尔市的继丰村、赤峰市的富裕沟村、通辽市的三个村、锡林郭勒盟的两个嘎查、呼和浩特市清水河县老牛湾村9个典型村的负责人都属于第一种类型。其他典型村负责人属于第二种类型。

通过选择熟悉并且与典型村有密切关系的专家学者担

任主持人，能够有效地消除调查者与被调查者之间的隔膜，消除被调查对象的顾虑，得到调查对象的配合，从而获取真实的信息。所选择的熟悉典型村的专家学者，大都是出生在典型村，高中毕业后因考入大学才离开了所在的村庄。他们在本村生活近20年，对本村的历史、环境、经济、政治、生产生活方式、风俗习惯、文化心理等，都有深切的感性认识，能够准确地表述本村情况。

第二，对参加调查人员进行业务培训。首先认真研读中国社会科学院中国边疆史地研究中心下发的有关本次调查的文件，参考其他省区调查成果。根据调查文件，结合内蒙古地区的实际情况，在多次商讨的基础上，拟定了内蒙古地区调查的大纲、调查问卷、访谈大纲、调查表，请有经验的调查人员介绍了调查中应注意的问题。

第三，选择清水河老牛湾村进行试点调查。老牛湾村距离呼和浩特市比较近，其他各村的主持人，首先到该村参与调查，得到一定的锻炼，取得一些调查经验，再开始本村的调查。

第四，对13个村的调查基本上采取线型推进的方式，没有采取平推的方式，目的是先开展调查的村能够给后开展调查的村积累调查的经验。

参与内蒙古地区典型村调查的学者多出身于历史学专业，在调查过程中，主要使用了历史学的方法，直接收集典型村的档案资料，通过访谈获得第一手的口述资料，通过调查问卷获得一家一户的数据性资料，通过观察获得感性资料。在通过不同方式最大限度地获取资料后，试图全面客观地描述典型村的现状及历史变化，目的是让读者对典型村的状况能有一个全面的认识。

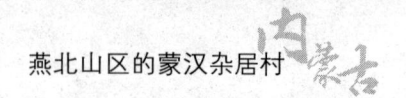

第一次在内蒙古地区做这样一个比较大规模的调查，从我们的角度来说是一个尝试，受主客观条件的制约，调查成果肯定还有很多问题，我们期盼着同行的指正。

于　永　毕奥南

2009 年 12 月 1 日

第一章 概况

第一节 自然概况

一 地理位置

富裕地村是内蒙古自治区赤峰市喀喇沁旗王爷府镇的一个行政村。

赤峰市是内蒙古自治区的地级行政市,原称昭乌达盟,1983年撤盟设市,改称"赤峰市"。

赤峰市位于内蒙古自治区东南部,地处燕山山脉。市区的东缘和东北缘与内蒙古自治区的通辽市接壤,西缘和西北缘与内蒙古自治区的锡林郭勒盟接壤,东南缘与辽宁省朝阳地区为邻,南缘和西南缘与河北省承德地区为邻。市政府驻赤峰市红山区,是铁路和公路的交通枢纽,有北京至通辽和叶柏寿至赤峰两条铁路通过,有通往赤峰各旗县和邻近省市的公路。西南与北京、东南与沈阳均相隔约500公里,与两地呈等腰三角形。辖区东西最长375公里,南北最宽457.5公里,总面积9万余平方公里。

喀喇沁旗位于赤峰市西南部,是距离赤峰市区最近的一个旗。旗境西以七老图山为界与河北省承德地区相邻,东以老哈河为界与辽宁省朝阳地区接壤，北临赤峰市松山区、红山区、元宝山区，南缘赤峰市的宁城县。旗境东西宽、南北窄，东西长104公里，南北宽75公里，总面积3050平方公里。旗政府驻锦山镇，距离赤峰市区38公里。

王爷府镇位于喀喇沁旗的西南部，西临河北省，西南与喀喇沁旗最南的辖区旺业店镇接壤，北与锦山镇和小牛群乡相邻，东与宁城县接壤。镇政府在王爷府村，北距锦山镇30公里，距赤峰市区68公里，南距承德市160公里。

富裕地村位于喀喇沁旗王爷府镇的西南部，村庄的南缘和西南缘与旺业店镇接壤，东缘和东北缘与本镇的白石太沟行政村为邻，西缘和西北缘与本镇的黑山沟行政村接壤。村委会驻王爷地村，有乡级公路穿过，距离北侧的赤承公路不到2公里，距离喀喇沁旗王爷府镇10公里，距离锦山镇37公里，距离赤峰市75公里，距离承德市150公里。

二 地形地貌

富裕地村属于七老图山支脉的丘陵区，地势西高东低。

锡伯河北边的群山，因为在村庄的北侧，被人们称为"北山"。北山主脉呈西北—东南走向，北山支脉呈南北走向。支脉山峰之间的河沟均为北高南低，有台子沟、石坎子沟、蚂蚁窝沟，呈向锡伯河注水态势，每年的七八月间，暴雨后，有山洪自北向南注入锡伯河。北山山势陡峭，靠近锡伯河处，崖壁林立。

锡伯河南岸是一片比较开阔的耕地。耕地的南侧也是群山，村民因其坐落在村庄的南侧，称为"南山"。南山主脉也是与锡伯河流向呈同一方向，即西北—东南走向。南山支脉与北山支脉一样呈南北走向，支脉山峰之间的河沟

第一章 概况

图 1-1 远眺北山

图 1-2 郁郁葱葱的南山

与北山的河沟恰恰相反，呈南高北低态势，河沟里的洪水顺势自南向北注入锡伯河。南山比北山平缓，多土山，山上林木茂盛。

据村委会保存的 1983 年和 1984 年的测绘档案资料显示，富裕地村总面积是 14.7 平方公里（22003 亩）。水土流失面积 14356 亩。林业用地 7941 亩，其中有林地 5442 亩、未成林造林地 1241 亩、宜林地 1258 亩，森林覆盖率为

24.7%。农业生产用地4189亩、牧业用地4776亩、居民占地700亩、交通占地150亩、水域占地600亩、其他用地10亩、难利用地1000亩、非生产用地2450亩、沟梁187亩。除土地总面积以外,其他用地比例已经发生了很大变化,遗憾的是村委会没有全面的统计数据。

三 水文气候

(一) 地表水

锡伯河是喀喇沁旗境内最大的河流,也是流经富裕地村最大的河流。该河发源于富裕地村西南,距富裕地村30余公里的茅荆坝,向东北注入赤峰市的英金河,英金河再注入赤峰与辽宁朝阳地区交界的老哈河,老哈河注入辽河。

图1-3 冬季的锡伯河

锡伯河在山中穿行,向东北注入英金河的过程中,有多条季节性支流补充水源。在富裕地村境内比较大的季节性支流有台子沟、边家沟、赶牛道沟、谢家沟、马场沟、大富裕沟、小富裕沟等八条季节性河道。锡伯河常年有水,七八月进入汛期，河流量增大；春秋两季河流量变小；冬季结冰。

锡伯河的河道宽窄不一，宽处有五六十米，窄处只有一两米。冬季河道结满冰，会变得很宽。夏季汛期时，河道窄处水深约为1米；河道宽处水面能够达到十余米，水深一二尺。春秋两季，锡伯河水面比较窄，水深在一二尺左右。

台子沟、边家沟、赶牛道沟、谢家沟、马场沟、大富裕沟、小富裕沟等八条季节性河道，在夏季会有洪水注入锡伯河。最近几年因为山上草木茂盛，已经不见洪水泛滥。进入汛期，会有清澈的流水在干涸了三季的河道中流过。冬季，水从泉眼涌出，在河道的不同地段，会结成厚薄宽窄不一的冰层。春暖花开，这些冰层融化，渗入地下。

（二）地下水

富裕地村地下水丰富。锡伯河沿岸的中营村、老公地村、王爷地村是地下水最丰富的地区，大约三四米深处就可见水。因此，这几个村庄的生活用水依靠地下水，即使是农业生产用水也主要依靠地下水。大富裕沟、小富裕沟和马场沟地下水匮乏，只能解决生活用水。

（三）气候

富裕地村属于大陆性季风气候，一年四季季节明显，春秋温暖，冬季严寒，夏季炎热，昼夜温差大。与全国和全世界气候升温同步，最近10年来，人们普遍感觉冬季不像以前那样寒冷，冬季天气预报的最低温度不过是零下二十几度。夏季虽然炎热，但是因为是在山里，只有中午十二时到下午三时最热，其他时间不是很热。尤其是夜里，

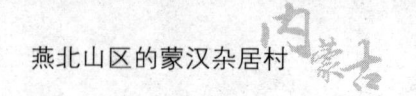

必须盖上棉被。年平均气温6.5℃，无霜期115天。

从晚春到初秋，一般都是降雨，其他时间是降雪。降水集中在夏季的七八月。年降水量约为400毫米。

四 资源物产

（一）植物资源

富裕地村的粮食作物主要有玉米、小麦、黍子、高粱、谷子、豌豆、扁豆、绿豆、小豆、黄豆、黑豆、土豆，等等。播种面积最大的是玉米，其次是谷子，再次是土豆。

经济作物有葵花、麻子、烟叶、药材等。数量最大的是葵花。一来可以榨油，二来可以焙干，直接供应市场。

林木的种类有山杏树、大叶杨、桦树、小叶杨、白杨、落叶松、黑松、柳树、榆树、沙棘树、榛柴、苹果树、家杏树、海棠果树、樱桃树、梨树、沙果树、李子树、桃树，等等。其中山杏树、黑松、落叶松、桦树、杨树、梨树的数量最多。松树都是次生林，是20世纪70年代以后栽种的。放眼望去，满山都是绿油油的松树。在山的阳坡，主要是原生态的山杏树，一到春天，粉红色、粉白色的山杏花开遍山野，令人心旷神怡。榛柴系灌木科，耐存活，满山均有生长。从前，当地人经常用镰刀割回榛柴，晒干，当做燃料。

蔬菜种类丰富，有圆白菜、白菜、芹菜、韭菜、黄瓜、茄子、菠菜、芥菜、白萝卜、水萝卜、黄萝卜、辣椒、蔓菁、洋蔓菁、芋头、莴笋、番茄、青椒、豆角、大葱、葱头、大蒜、蒜薹、倭瓜、番瓜、葫芦、西瓜、香瓜，等等。在老公地、中营、王爷地等平川地区，很多农户以蔬菜为经济作物。种的比较多的是圆白菜（当地叫做疙瘩白）、大白菜、芹菜、韭菜、黄瓜、青椒、茄子、豆角、葱头等容易销售的蔬菜。在大富裕沟、小富裕沟等村，因为全部是旱地，只能在自家的院子里辟出一小块菜园子，栽种少量的葱、韭菜、青椒、茄子、豆角等自食的蔬菜。

野生植物种类繁多，有苦菜、蒲公英、艾蒿、白蒿、黄蒿、菲菲菜、哈拉海、地皮菜、芦苇、野苜蓿、沙葱、马莲、羊胡子草，等等。有很多叫不上学名的野生植物，但当地人都能够认识，也知道其用途。例如"苦菜"，当地称"芑麻菜"，春天生，味苦，采摘洗净后，可以蘸酱食用，也可以拌凉菜。"蒲公英"当地称"婆婆丁"，春天生，味微苦，幼苗时，可以采摘洗净蘸酱食用，长大后则不能食用。"哈拉海"是带刺的植物，幼苗时采摘回去，用开水烫过后，可以做汤喝，长大后则不能食用。"菲菲菜"属于群生植物，在野地里会成片地生长，主要作为猪的食物。艾蒿、白蒿、黄蒿、菲菲菜，越是荒地，长得越茂盛。蒿类植物主要是在秋季割回家，晒干当做烧柴用。20世纪80年代，全村芦苇面积尚有30亩左右，中营、老公地、王爷地、大富裕沟、小富裕沟等，都有面积不等的芦苇。中营因为临近锡伯河，湿地多，芦苇的面积最大。1972年中营芦苇面积28亩，1987年芦苇面积35亩。在老公地、中营，都曾经有村民编织芦苇席出售。芦苇席的用途是铺在火炕上，类似于床垫。大约在20世纪80年代末，老公地村的芦苇塘被开垦成了耕地。到了20世纪90年代以后，富裕地村的芦苇面积仅剩下10亩左右了。

菌类物种也很多，产量比较大的依次有松蘑、肉蘑、榛蘑、小灰蘑、草蘑、龙须蘑、杨蘑、羊肚蘑，等等。松蘑主要生长在松树底下。松树针落下，天长日久腐烂，雨过天晴就会长出松蘑。富裕地村坐落在山沟里，山上松树非常多，故松蘑的产量最大。肉蘑颜色呈紫红色，所以人们称为肉蘑，多生长在有草的地方。榛蘑全部生长在榛柴丛里，因为有腐烂的榛柴叶子和枯枝，雨后在有菌的地方就会长出榛蘑。小灰蘑生长在杨树林的草地和榛柴的边上。草蘑生长在草地里。龙须蘑是笔者调查时第一次遇见的一个物种，笔者在此地生活几十年，小时候也曾多次到山野去捡蘑菇，但是从来都没有捡到过龙须蘑。龙须蘑的形状是在蘑菇上有比较长的须状物。

花卉栽培是富裕地村的一个重要产业，已经有10余年的历史。花的种类很多，主要是根据市场和客户的需求栽种相应的种类。2008年，当地栽种的有鸡冠花、万寿菊、海纳、牵牛花、美人蕉、令箭、仙人球、仙人掌、吊莲、蒜头莲、粉罐罐、千层层，等等。个人家里也有养几盆花草的，主要有芦荟、仙人掌、仙人球、冬青、翠竹等。

富裕地村山多，故野生药材也很多。主要有天麻、苍术、黄芩、柴胡、防风、桔梗、穿山龙、远志、益母等几十种。2010年2月8日，笔者到原王爷地供销社调查，据店员介绍，最近几年药材的种类和数量都非常少了，2009年，该供销社仅收购到黄芪、柴胡、防风、苍术等4种药材，每种药材也只有几百斤。

（二）动物资源

富裕地村家养的动物有马、牛、驴、骡、山羊、绵羊、猪、狗、兔、猫、鸡、鸭、鹅、鱼等。

羊的品种有小尾寒羊，也有本地大尾巴羊，比较多的是二者杂交的后代。小尾寒羊产羔数量多，一年产两次，每次产两只羔，一年能够产四只羊羔，但是肉质不好，抗病力和适应力均不如本地羊。本地羊是本地多年经营的品种，优点是抗病力强，容易存活，缺点是一年只产一只羊羔，偶尔有产双羔的。经过小尾寒羊与本地大尾巴羊杂交，克服了二者的缺点，汲取了双方的优点。

野生动物有狍子、狼、野鸡、野猫、黄鼠狼、野兔、老鼠、蝙蝠、喜鹊、乌鸦、鸽子、鹰、沙鸡、麻雀、布谷鸟、燕子、蟋蟀、蜻蜓、蚯蚓、蜘蛛、蚂蚱、蝴蝶、蚂蚁、蚂蟥、青蛙、蟾蜍，等等。调查时老乡们反映，实行退耕还林、退耕还草政策后，山上的植被覆盖率提高了，野鸡、沙鸡、野兔等小动物多了起来，多年不见的狼又现身了。

（三）矿产

当地的主要矿产资源是萤石。在大富裕沟、小富裕沟、谢家沟、边家沟等山上和河道中，均能够捡到零星的萤石。20世纪70年代，那尔村公社（今王爷府镇）大营子大队曾经组织社员在大富裕沟沟里的转山子（当地的山名）开采萤石，留下了很深的萤石洞。最近两年，因为萤石粉价格上涨，在农闲时间，也有个别村民采集萤石出售。

距离富裕地村东北五六公里的大西沟（地名），有著名的大西沟萤石矿。20世纪40年代，日本人率先在此开矿，据估计大约运走了10万吨矿石。新中国成立后，喀喇沁旗政府一直在该地开矿。距离大富裕沟村一山之隔的碴子沟（地名），也有很多萤石矿。

在富裕地村调查时，村支书讲，本村发现了3处萤石

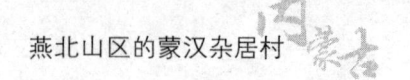

线，具备开采价值的有两处，一处在小富裕沟村，另一处在大富裕沟村的转山子，正在积极招商开采。

五 自然灾害

富裕地村的自然灾害种类主要有旱灾、风灾、霜冻、水灾、虫灾、雹灾等6种。其中旱灾和虫灾经常发生，对农业影响最大。最近10年，几乎每年都有程度不同的旱灾发生。影响当地农业生产的旱灾主要发生在春夏两季。春耕时，因为冬天无雪和初春无雨，耕地墒情不好，无法下种，是为春灾。

当地的夏旱，又称为伏旱，也比较严重。2009年的伏旱为50年来所罕见，到8月，锡伯河的河水干涸了。旗政府所在地锦山镇，曾经在锡伯河上建有拦水坝，形成小规模的水库，水深数米，放养了很多鱼。此次伏旱导致拦水坝干涸见底。可见旱情之严重程度。

如果遇到严重的伏旱，大富裕沟、马场沟里、小富裕沟的山坡地就会颗粒无收。只有中营、老公地、马场沟外、王爷地等处的平地，能够抽取地下水灌溉，尚有收成。

虫灾每年都有发生。当地的害虫有菜青虫、蚜虫、红蜘蛛、潜叶蛾（斑潜蝇）、蝗虫、地蚕、毛毛虫等。

水灾主要发生在临近锡伯河的中营。据中营的村民忆述，仅新中国成立后，临近锡伯河的中营就经历过3次大水灾。1962年夏的大水灾，淹没了一些人家，灾后，部分村民被迫搬迁到老公地村东的耕地上建筑了新家。1975年夏，又发生过一次大水灾，冲毁了一些人家，又有一部分村民搬迁到老公地村东。1994年夏的水灾最严重，整个村庄进水被淹，时任中共内蒙古党委书记的刘明祖等人曾经前往勘灾并慰问。上级政府给每户村民发放了 2000 元的救济款，并鼓励村民搬迁到老公地村东建新房。不少村民利用 2000 元救济款又筹集了部分资金，在老公地村东建了新家。到 2009 年年初笔者实地调查时，旧中营村只有四五户人家了，之所以没有搬迁，是因为村庄户数少，便于经营副业。

第二节 社会概况

一 行政区划

截至 2008 年，赤峰市下辖红山区、松山区、元宝山区、喀喇沁旗、敖汉旗、宁城县、林西县、巴林右旗、巴林左旗、克什克腾旗、阿鲁科尔沁旗等 6 个旗 2 个县 3 个区，总人口 400 余万人。

喀喇沁旗总人口 33.36 万人，辖旺业店镇、王爷府镇等 8 个乡镇，共 164 个村民委员会、1583 个村民小组、4 个居委会。

王爷府镇辖黑山沟、富裕地、白太沟、银营子、上瓦房、大西沟、汤土沟、大西沟、庙沟、王爷府、大庙、希庄、下瓦房、喇嘛地、杀虎营子、四十家子、柳条沟、团结地、碇子沟、三家、罗营子、于家湾子、哈拉海沟、兴隆等 24 个行政村。

2008 年调查时，富裕地行政村下辖 10 个村民小组。中营为一组。老公地以旧碾坊为界，碾坊以西的住户为二组，碾坊以东的住户为三组。马场沟为四组。大富裕沟自沟口至沟里分别是五、六、七组，原来的第四生产队分成了五组和六组,原来的第五生产队为七组。王爷地是八组。小富裕沟沟外居民为九组,沟里居民为十组。随着市场经济的发展,居民的宅基地和房屋可以在政策允许的范围内买卖,这样就出现了二组村民买了三组村民的宅基地建房,三组村民买了二组村民的房子居住的情况,因此各村民小组的住户已经打乱了旧的、初始划定的居住布局,很难按照地域进行区分了,只能从富裕地村委会的文件中按照户口区分村民的组别。

二 村落布局

富裕地村的布局比较简单,可以概况为"一河三沟"。

河即锡伯河,河的两岸均为高山。富裕地村境内的锡伯河在险峻的北山脚下蜿蜒曲折,自东南向西北流过。沿河的南岸是一片开阔的耕地。耕地的南侧也是高山。从南山到北山,即当地俗语说的"川道"。"川道"宽窄不一,宽处约3公里,窄处只有1~2公里。南山的山根横亘着2002年修建的赤(峰)承(德)公路。中营、老公地、王爷地等三个自然村全部分布在锡伯河和赤承公路间的平地上。很早以前,赤峰至承德之间,有一条砂石铺成的公路。赤峰至承德之间的一级公路修成后,该路成为乡级公路。中营、老公地、王爷地等三个自然村的民居大都是沿着该公路修建的。20世纪80年代以后,马场沟、大富裕沟、小富裕沟等三道沟沟里的部分村民,嫌沟里交通不便,也陆续从沟里移到沟外平地上居住。他们移出的时候,也是沿着公路选择宅基地,建筑房屋。

"沟"即两山之间的季节性河道,当地称"河套"。河套在雨季有洪水,其他时间无水,也被称为干(gān,平音）河套。富裕地村自东南向西北分布着马场沟、大富裕沟、小富裕沟等三条干河套。马场沟、大富裕沟和小富裕沟村民则分布在相应的三道沟里。沟里的居民选择交通方便且能够躲避洪水的地方，建造自己的房屋。

由于地势狭窄、不平，以及不同时期宅基地面积标准不一致，整体上看，各村落布局参差不齐，建筑杂乱无章。

最近10年来，"一河三沟"的居住布局虽然没有变化，但是村民向沟外移民的趋势却非常明显。

三 民族人口

富裕地村民由蒙古族、汉族、满族、回族等四个民族构成，其中汉族和蒙古族人口最多，回族人口最少。近60年来，总户数呈现增加趋势，但人口呈下降趋势。笔者在调查过程中有幸得到村干部的协助，获取了比较翔实的民族人口方面的统计资料。根据获取的资料制成表1-1，从中可以对富裕地行政村民族人口情况有一个比较全面的认识。

表1-1　1961年以来富裕地村民族人口情况表

项目 年份	户数 （户）	人口 （人）	男	女	汉族	蒙古族	满族	回族	高中	初中	小学	文盲	出生率 （%）	自然增长率（%）
1961	277	1255	650	605	1025	216	14	—	—	—	—	—		
1962	274	1319	696	622	1008	296	14	—	—	—	—	—	45.9	36.5
1963	275	1360	712	648	1106	247	7	—	—	—	—	—	55.3	39.6
1964	279	1391	717	674	1103	271	17	—	2	29	—	—	46.5	30.5
1965	281	1444	740	704	1163	271	10	—	—	—	—	—	45.2	34.6
1966	293	1492	760	732	—	—	—	—	—	—	—	—		
1967	295	1522	775	747	1196	307	18	1	—	—	—	—	36.5	25.2
1968	293	1561	801	760	1195	341	24	1	—	—	—	—	29.2	16.2

续表

年份	户数(户)	人口(人)	男	女	汉族	蒙古族	满族	回族	高中	初中	小学	文盲	出生率(‰)	自然增长率(‰)
1969	311	1615	840	775	1291	307	17	—	—	—	—	—	35.3	30.9
1970	315	1657	854	803	1401	228	25	—	—	—	—	—	30.2	15.9
1971	322	1664	829	835	1337	325	1	1	—	—	—	—	25.9	15.7
1972	334	1692	801	892	—	—	—	—	—	—	—	—	29.2	23.2
1973	333	1708	886	822	1672	—	35	—	—	—	—	—	22.4	12.3
1974	338	1734	911	823	1389	314	30	1	—	—	—	—	29.6	23.9
1975	334	1744	917	827	1408	300	36	—	—	—	—	—	25.3	12.1
1976	342	1783	934	849	1452	305	26	—	—	—	—	—	14.7	7.4
1977	368	1745	905	840	1396	316	33	—	—	—	—	—	12.5	4.0
1978	351	1726	902	824	1425	276	25	—	—	—	—	—	17.2	8.6
1980	350	1700	866	834	1307	351	42	—	—	—	—	—	33	9
1981	362	1699	868	831	1330	331	37	1	—	—	—	—	34	10
1982	372	1703	897	806	863	688	148	4	112	235	641	521	34	10
1983	376	1727	892	835	834	729	160	4	—	—	—	—	41	17
1984	377	1719	908	811	834	721	160	4	—	—	—	—	16	9
1985	366	1688	896	792	808	715	161	4	—	—	—	—	8	7
1986	370	1683	896	787	752	743	184	4	—	—	—	—	19	6
1987	403	1678	901	777	740	742	192	4	—	—	—	—	16	11
1988	402	1704	925	729	734	768	198	4	—	—	—	—	24	14
1989	415	1696	916	780	724	768	200	4	—	—	—	—	11	10
1990	437	1670	907	778	706	782	207	5	115	344	642	339	23	14
1991	450	1707	918	789	691	819	192	5	—	—	—	—	13	6
1992	461	1700	902	798	675	826	194	5	—	—	—	—	15	14
1993	464	1684	893	791	664	824	191	5	—	—	—	—	14	10
1994	470	1683	891	792	660	824	194	5	—	—	—	—	15	12
1995	464	1681	889	792	660	824	194	5	—	—	—	—	10	9
1996	475	1693	887	806	666	826	196	5	—	—	—	—	17	8
1997	463	1680	889	791	648	822	205	5	—	—	—	—	20	17
1998	465	1680	889	791	648	822	205	5	—	—	—	—	12	8
1999	457	1670	883	787	644	817	204	5	—	—	—	—	15	9
2006	497	1697	—	—	—	—	—	—	—	—	—	—	—	—

从表 1-1 可以看出民族人口发展变化的情况,遗憾的是缺少最近 10 年的数据。

富裕地行政村人口在 20 世纪 60 年代人口增长比较稳定,始终在 1600~1700 人之间徘徊,进入 90 年代以后,始终低于 1700 人(见图 1-4)。与 1961 年比较,1999 年人口增幅为 33%。

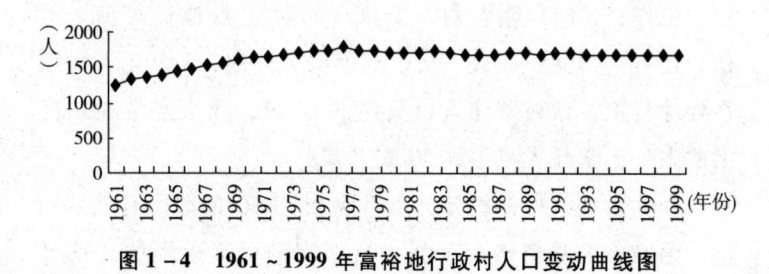

图 1-4　1961~1999 年富裕地行政村人口变动曲线图

从各自然村的情况看,有增有减。中营村(一组)从 1980 年的 207 人增加到 2000 年的 215 人,增加了 8 人。老公地村(二组和三组)从 1980 年的 289 人增加到 2000 年的 307 人,增加了 18 人。马场沟村(四组)从 1980 年的 263 人增加到 2000 年的 270 人,增加了 7 人。大富裕沟村(五组、六组和七组)从 1980 年的 363 人减少到 2000 年的 325 人,减少了 38 人,减少的幅度比较大。其中大富裕沟沟里(七组)减少幅度最大,从 1980 年的 121 人减少到 2000 年的 92 人,减少了 29 人。王爷地村(八组)从 1980 年的 239 人增加到 2000 年的 245 人,增加了 6 人。小富裕沟村(九组和十组)从 1980 年的 339 人减少到 2000 年的 323 人,减少了 16 人。其中小富裕沟沟里(十组)减少了 19 人,而小富裕沟沟外(九组)增加了 3 人。

人口增减表现出一个共同的特点,位于锡伯河沿岸的平地自然村人口都有不同程度的增加，而大富裕沟沟里和小富裕沟沟里交通不便的地区的人口都有较大幅度的减少。在20世纪六七十年代，大富裕沟沟里的第五生产小队（现第七村民小组）人口最多时曾经达到152人，到2000年仅剩下92人。到笔者2008年8月调查时止，该组已经减少到19户65人。其中有1户户籍在村，实则全家4口在赤峰买房、工作；1户户籍在村，全家3口在王爷地村买房、工作；还有1户父子3人，父亲娶妻到了外地，2个儿子常年在外地打工。该村常住人口只剩下16户，除去经常在外打工的人外，常住人口不到50人。

据大富裕沟村村民分析，当地人口减少的原因有三。

第一，大富裕沟沟里和小富裕沟沟里交通不便，只要有机会，沟里的人们愿意移民到交通便利的地方去。大富裕沟村的村民在王爷地村申请宅基地盖房和买房移居的有5户。

第二，这两个地方在20世纪六七十年代，经济非常落后，生产队日值不到1角钱，常年靠返销粮（计划经济时代，生产队把粮食卖给国家，如果社员口粮不够，再从国家粮站买粮食，称为"返销粮"）维持生活。20世纪70年代中后期，有不少居民实在不能维持生活，投亲靠友，移民到了外地。大富裕沟沟里的第五生产小队因此移民的有8户，55人。

第三，最近10多年，随着市场经济的发展，一些年轻人在城市打工，想方设法留在了当地。

与人口相对稳定不同的是，各村的户数变化很大（见图1-5）。20世纪60年代，只有270余户，到了90年代，增加到470余户，增加了200余户，增加的幅度高达74%，而人口增幅只有33%。

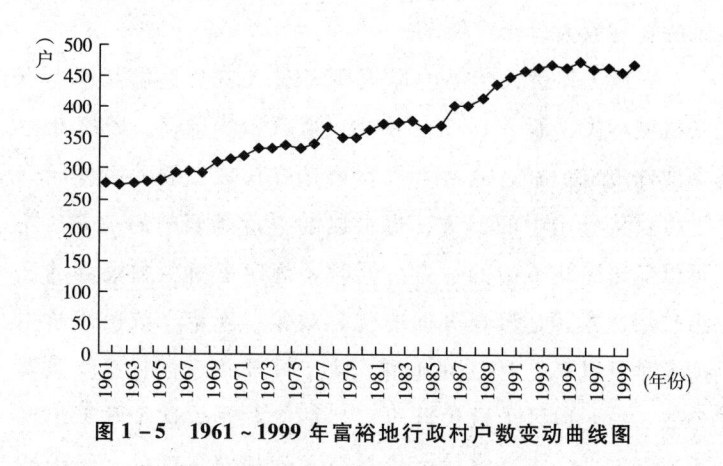

图1-5　1961~1999年富裕地行政村户数变动曲线图

村民们分析，出现这种现象的原因是20世纪60年代，尚未实行计划生育政策，各家庭孩子普遍多，一般家庭都有五六个孩子，三世同堂，家庭规模大，所以人口多，户数并不见得多。从20世纪70年代开始实行计划生育政策开始，一般家庭只有两个孩子，年轻人结婚后大多自己单独生活，很少有三世同堂的人家，所以家庭规模变小了，户数增加了。

富裕地村人口变动过程中还有一个现象值得关注，就是村民的民族构成变动很大。

汉族人口从1961年的1025人下降到1999年的644人，蒙古族人口从1961年的216人增加到1999年的817人，满族从1961年的14人增加到1999年的204人。

民族人口变动最大的一年是1982年，汉族人口从1981年的1330人下降到1982年的863人，蒙古族人口从1981年的331人增加到1982年的688人，满族人口从1981年的37人增加到1982年的148人。同年回族人口也从前一年的

1人增加到4人。此后蒙古族人口继续攀升，汉族人口继续下降，满族人口相对稳定。

民族人口巨大变动的原因既不是人口自然增长，也不是机械移民，而是1982年中央民族政策的调整。1982年中央文件规定：家庭成员可以自愿选择民族归属，民族成分可以随父母亲中的一方，也可以随爷爷奶奶中的一方，还可以随姥姥姥爷中的一方。同时还规定了对少数民族的优惠政策，尤其是教育方面的优惠政策，规定少数民族学生高考时可以享受10分的政策分数，中学入学同样享受政策分数。农业地区少数民族可以生两个孩子。这个政策出台后，有不少汉族家庭居民，符合文件规定条件的，纷纷改成蒙古族或满族。这就是1982年后富裕地行政村民族人口此消彼长的原因。

四　交通通信概况

（一）交通概况

富裕地行政村地处赤峰至承德公路边，交通非常便利。据个别村民统计，在赤承公路上通行的客车，包括长途和短途客车，日通行量为20车次，平均每半个小时就有一辆客车通过。

富裕地行政村村委会所在地——王爷地村，东北距离王爷府镇10公里，距离锦山镇37公里，距离赤峰市75公里；西南距离旺业店镇17公里，距离承德约150公里，距离北京400公里。

赤峰市至锦山镇间有33路公交车通行。33路公交车始发站为赤峰火车站，终点站为锦山镇的欣欣小区，区间38

公里，单程 40~50 分钟，中途停靠 47 站，夏季首末发车时间是晨 6 时至晚 6 时，冬季首末发车时间是晨 6 时至晚 6 时半。33 路公交车开通于 2007 年。此前赤峰市至锦山镇之间，除了赤峰长途客运汽车公司和喀喇沁旗长途客运汽车公司开通的长途客车外，还有很多私人的中巴车运行。33 路公交车开通后，每 10 分钟发一趟车，赤峰—锦山间乘车时间有了保证，乘客非常多，私人的中巴车无法竞争，已经全部停业。

王爷府和锦山之间、旺业店和锦山之间、旺业店和赤峰之间、赤峰和承德之间、赤峰和北京之间、赤峰到保定和石家庄，均有公营和私营的客车通行。富裕地村是这些客车的必经之地。据 2008 年调查，从王爷地上车，到王爷府票价 4 元，到锦山票价 7 元，到赤峰票价 15 元，到旺业店票价 4 元，到承德票价 30 元。赤峰火车站到锦山镇的 33 路公交车，票价为 6 元。有很多小面包车和小轿车跑赤峰至锦山之间的出租业务，票价一律为 10 元。

此外，在富裕地行政村及其周边的村庄，还有些私人出租车，车型有两类，一类是能够乘坐 7 人的小面包车，大多是松花江；另一类是准乘 4 人的小轿车，以夏利为最多。这些车中有的有喀喇沁旗运输管理处颁发的出租车营业执照，有的属于"黑车"。有手续的出租车，一般集中在锦山镇街面，向赤峰至旺业店公路沿途村庄接送客人，从锦山到富裕地行政村，沿途村庄的票价一律为每人 10 元，须人满方开车。2009 年 1 月 26 日，笔者从锦山去老公地村，有一辆小面包车已经在公交车站附近等候 20 多分钟，车上已经有了 6 位客人，笔者到后，又增加了一把小折叠凳子，笔者上车后始发车。没有手续的出租车则利用客运旺季，例如春节前后和八九月学生开学前后，熟悉的客人找上门来，拼车接送客人。票价随行情定，2009年一二月，从老公地到锦山镇每人10元。2009年2月4日，笔者一行5人从大西沟门约来一辆面包车，到锦山镇，付费50元。2008年2月，从王爷地到赤峰市，面包车票价为180~240元不等，2008年春节后，笔者一行5人曾经从王爷府镇大营子村租了一辆面包车，由老公地出发去赤峰市，付给车费180元。

据2009年年初统计，富裕地行政村有大小汽车34辆，摩托车246台，大大地方便了村民的出行。

（二）通信概况

1. 邮局

富裕地行政村没有邮政局。

计划经济时期，王爷府邮政局在地处王爷地的供销社门口设置一个邮筒，供销社代售信纸、信封和邮票。人们邮递信件时，把写好的信封住，粘上邮票后投入邮筒即可。邮递员定期来取走信件，并定期把邮寄来的信件、小件物品交给生产大队的收发室。生产大队的收发室通知有信件的社员来取信，或者请熟人顺路给带回去。如果邮寄物品、钱、挂号信，拍发电报等，则需要到最近的王爷府邮政局或旺业店邮政局。接收比较大的邮件以及汇款，也需要亲自凭取货单或取款单到邮政局领取。两个邮政局距离富裕地行政村分别是10公里和15公里。

笔者2008年回富裕地调查时发现，虽然原供销社已经易主，但是绿色的邮筒仍然在原来的位置。该邮筒归王爷府邮政局负责。邮递员坚守着工作职责，继续定期收发邮件。

2. 电话

计划经济时期，只有位于王爷地的生产大队队部有1部手摇式黑色电话机。该电话机是因为工作需要设置的，起着与上一级政府沟通的作用。社员有特别紧急的事情时，生产大队的工作人员也用这部电话帮助联系。社员有一般事情如果打电话，则需要到邮政局，请邮政局的工作人员用局里的手摇电话接通对方。实际上，在那个年代，很多社员，包括笔者，从来没有打过电话，也没有见过电话。

20世纪90年代初，极少数村民安装了电话。此时安装电话是比较昂贵的消费，安装费、电话机费、电线费用等，1部电话需要人民币2800余元，是比较奢侈的消费。老公地村最早安装电话的是孟彩玉家和赵志辉家。两家均开有小卖店，为了业务联系方便，安装了电话。村民打电话可以交相应的费用。从外地打来电话，他们可以代接，也收取少许费用。这两部电话极大地方便了老公地村村民与外界的联系。

20世纪90年代末，安装电话的费用大大降低，各种费用总计起来，只有七八百元。有的村民的孩子在外地读书，或在外地工作，为了联系方便，也安装了电话。老公地村大力发展花卉产业，为了对外业务联系，有的村民因此安装了电话。老公地村的固定电话达到了10余部。每月的话费，一般选择保底消费，有15元和25元两种。

3. 手机

2008年夏，笔者入大富裕沟调查时，发现村民家很少有固定电话，大部分人家都拥有并使用手机。

表1-2 大富裕沟村民手机及固定电话统计表

序号	户主	人口（人）	手机（部）	购买时间（年）	固定电话（部）	安装时间（年）
1	李青玉	3	2	2008	1	2006
2	韩瑞德	4	2	不详	无	—
3	白俊青	4	2	2008	1（已撤）	2006
4	王　廷	3	2	不详	—	
5	韩文忠	5	1	不详	1	2006
6	湛宝玉	3	不详	—		
7	曹凤瑞	3	3	2006	—	
8	王宗义	2				
9	赵　祥	2			1	2006
10	张振忠	5	1	不详	—	
11	张金瑞	5	3	不详	—	
12	王国志	—	—		1	2007
13	王爱军	4	2	2006	—	
14	白文学	6	3	2004	1（已撤）	
15	王　伟	4	2	不详	—	
16	白淑琴	3	1	2007	—	
17	王　祥	4	1	2006	1	2004
18	白文玉	3	1	2005		
19	白永民	3	1	2007		
合计		70	27	—	5	—

从表1-2可以看出，在19户人家中，只有1户既无手机也没有安装固定电话；另一户因为户主常年在外，家中老人年龄过大，无法回答调查，情况不详。这说明电话已经普及，村民的通信问题已经解决。村民安装固定电话的

时间大致都在 2006 年，价钱都是 280 元，月租费都是 15 元。村民购买手机的时间段大致在 2005～2007 年，大部分人手机价格在 300～400 元之间，只有个别年轻人的手机价格在 1000 元左右。

据笔者实地观察，在上瓦房和王爷府的街面上，都有手机专卖店，有中国联通和中国移动公司的营业网点。上瓦房的中国移动通信营业点，开展交费、办号、异地交费、收发传真、打字、复印等业务。当地的"缴费一站通营业厅"，能够办理移动和联通的交费、放号、办卡业务。

第三节　历史及传说

一　区划沿革

据文献记载，早在新石器时代，喀喇沁旗这块土地上就有人类生息繁衍。春秋时期，这里是山戎地。战国时属燕国。秦汉时，属右北平郡。东汉时是鲜卑地。三国时属乌桓。隋为奚地。唐代，属饶乐都督府，后入契丹。辽代，属松山州。金代，属北京大定府。元代，东部属大宁路，西北部属上都路。明朝洪武中期，属大宁都指挥使司。1635 年（天聪九年）设旗制，归喀喇沁右旗，属卓索图盟。1931 年，取消旗制。1940 年重新恢复旗制，在平庄设立伪喀喇沁右旗公署。1945 年抗战胜利后，属热河省建平县。1946 年 9 月，实行蒙汉分治，在王爷府设立喀喇沁右旗和建西县双重机构。1947 年 11 月旗县合并，称喀喇沁右旗建西县联合政府。1948 年春，联合政府由王爷府迁至公爷府（今锦山镇）。1949 年 5 月改为喀喇沁旗人民政府。1956

年，撤销热河省建制，喀喇沁旗归昭乌达盟管辖，同年3月，改为喀喇沁旗人民委员会。1968年3月改为喀喇沁旗革命委员会。1969年8月1日，随昭乌达盟划归辽宁省。1979年1月，随昭乌达盟重新划归内蒙古自治区。1983年，撤盟设市，喀喇沁旗隶属于赤峰市。

王爷府镇是喀喇沁旗的一个重要的乡镇级行政组织，因该处有喀喇沁王的府第而得名。60多年来，王爷府镇的区划也多次发生过变动。1946年，该地是喀喇沁右旗政府驻地。1947年，王爷府是喀喇沁右旗建西县联合政府驻地。1948年春联合政府迁至公爷府后，该地是第一区政府驻地。第一区辖22个行政村，1955年至1956年，22个行政村被第一次划分为9个小乡，后来又进一步划分为6个乡。1958年实现了人民公社化，第一区全区划分为3个乡，分别是王爷府乡、上瓦房乡、罗家营子乡。1959年，把3个乡合并成一个公社，即王爷府人民公社，辖11个管理区。后11个管理区又被调整成24个生产大队。1966年，把王爷府人民公社改名为那尔村人民公社。"那尔村"系蒙古语，汉译为松树的意思，因当地有二三百年以上树龄的黑松而得名。1982年，恢复王爷府人民公社的名称。1984年，改回王爷府镇的名称，同时把大西沟和上瓦房两个地区从王爷府镇分离出来，成立了大西沟乡和上瓦房乡。当时，大西沟乡和上瓦房乡各辖6个村民委员会，王爷府镇只剩下了7个村民委员会。2005年，合乡并镇，王爷府镇、上瓦房乡、大西沟乡合并成王爷府镇，此次区划调整延续到笔者调查时止，尚没有发生变化。

据有关资料记载，新中国成立初期，富裕地村归喀喇沁旗第一区管辖。1958年人民公社化后，第一区分成了3

个乡，富裕地村归上瓦房乡。1959年，王爷府乡、上瓦房乡、罗家营子乡合并成王爷府人民公社后，富裕地村归王爷府人民公社管辖。后王爷府镇改称那尔村人民公社，富裕沟村也相应地改称为富裕地生产大队，辖7个生产小队。7个生产小队基本上是按照自然村落设置，中营村是一队，老公地村是二队，马场沟村是三队，大富裕沟村从沟外到沟里依次是四队和五队，王爷地村即生产大队所在地是六队，小富裕沟村是七队。

1984年，那尔村人民公社一分为三，分别是王爷府镇、上瓦房乡、大西沟乡。富裕地村隶属于上瓦房乡。在名称上取消了生产大队和生产小队的称呼，恢复为富裕地行政村和村民小组。中营为一组，老公地由西到东分成二组和三组，马场沟为四组，大富裕沟由沟外至沟里分成五组、六组，王爷地为七组，小富裕沟是八组。2005年，撤乡并镇，上瓦房乡并入王爷府镇，富裕地村也随之并入王爷府镇管辖，富裕地管辖的村民小组也进行了重新划分，一组至四组没有变化，大富裕沟村由沟外至沟里分成五组、六组和七组，王爷地村称为八组，小富裕沟村沟外居民组成九组，沟里居民组成十组。

二 富裕地村历史

富裕地村建村的历史可以追溯到清代康熙年间。1670年（清康熙九年），喀喇沁多罗杜棱郡王班达尔沙把府第从龙山迁到现在的王爷府。王爷府附近数十里开始有人定居。

《喀喇沁旗地名志》记载，王爷地村，建村于1683年（康熙二十二年），这里的土地归王爷所有，故称"王爷地"。据笔者调查一些70岁以上的老人，老人们忆述，王爷地附近的耕地都是王爷的耕地，到1947年王爷地只有五六户人家。因为王爷的耕地，采取出租的方式经营，不允许移民居住。大富裕沟、小富裕沟的地是王爷赏赐给私人的地，所以住户都集中在大富裕沟、小富裕沟等锡伯河两岸的山沟里。正是因为大富裕沟有很多居民，所以"土改"时的农会建在了大富裕沟村，而不是王爷地村。汪国钧的《蒙古纪闻》中记述王爷府地租收入来源有"富裕仓"一处，在西伯格川茅荆坝以东至上瓦房，每年现租8000吊，即包括这里。据此判断王爷地建村应该晚于大富裕沟等村。

所谓的小富裕沟、大富裕沟，是新中国成立后更改的地名。新中国成立前，大富裕沟叫"大和勒屯"，小富裕沟叫"小和勒屯"。据笔者分析，这两个地名是蒙汉合璧的地名，反映了当地蒙汉文化的交融。"和勒"是蒙古语，汉译是"河"、"河流"、"河沟"的意思。两个地名中的"大"、"小"、"屯"都是汉语。

其他的村名和地名也传递了不少历史信息。老公地村，相传是姓谢的老公和姓边的老公在此居住，而称为老公地。人们传说这两位老公都是皇宫里的太监，随着公主下嫁来到喀喇沁王的王爷府，年老后被安置在该地，时间大约在康熙年间。与此相关的还有边家沟、谢家沟的地名。边家沟靠近上老公地，相传为边老公所有。谢家沟靠近下老公地，相传为谢老公所有。

大富裕沟村最早的住户姓于，到笔者调查时，该家族已经迁出大富裕沟，繁衍到了第6代。据于姓老人忆述，当时他的爷爷来到大富裕沟时，山上山下都是茂密的森林，也没有房子，就用木柴搭建了一个窝棚，住了下来。来到大富裕沟的第二户姓白，是王爷的把头（管理佃户的负责人），专门负责管理王爷地耕地的出租、种植、收获等事务。

20世纪30年代以前，大富裕沟出村的路不是现在这样从沟口出村，而是经大富裕沟沟口东山的小梁子，奔小富裕沟的沟口，奔白太沟的沟口，奔三把火（地名）。新中国成立后，王爷地有了村子，才改成从沟口出村。

三　历史故事

在调查过程中，笔者听到并记录下了这样两个历史故事。

一是关于地名的故事。在大富裕沟村的沟里，有一个地方，位于山脚下，是高于河沟10余米的比较宽阔的平地，曾经居住过10余户人家，当地村民称此村落为"登台"。关于登台的来历，笔者得到了两个版本。其一，王爷地的把头老白，在登台这个地方盖了房子，安家落户，请王爷来吃饭。王爷来到后，问这里是什么地方？当时该地并没有名称，白家的主人请王爷赐名。因为王爷自己登上了这块台地，即赐名"登台"。其二，王爷地的把头老白，人称黑喇嘛，负责管理王爷在王爷地的耕地。喀喇沁王爷每年从赤峰的北部旗往回赶马群。其他人赶马群，常常在半路被马贼劫掠。黑喇嘛则能够顺利赶回马群，因而格外得到王爷的器重。老白家境日盛，牛羊成群。有一天请王爷吃饭，正值牛倌从牛圈往山上赶牛。牛群规模非常大，前面的牛进炭窑沟山里了，后面的牛还没有离开牛圈。炭窑沟距离登台约2.5公里。王爷看见这么大的牛群，惊奇这个地方还有这么有钱的人家,随口说出"巴彦台"。"巴彦台"是蒙古语,汉译为富裕、有钱的意思。因为当地并没有名字,人们就记住了这个地方是"巴彦台"。后来讹传为"登台"。

二是关于人物的故事。据说连续几年,王爷的马都被马贼劫走。王爷震怒,指定王爷地把头黑喇嘛去北部旗赶马。马贼获悉喀喇沁旗王爷又派人来北部旗赶马,在半路上又把马群给拦住了。黑喇嘛虽然孤身一人,但是丝毫不畏惧。对马贼首领说,我们比一比马术,如果我输了,马群归你;如果我赢了,你放行。马贼问如何比?黑喇嘛说,我从我的马群挑选一匹马,咱们赛跑。马贼认为马群的马都是生个子(没有经过训练),肯定赢不了,于是答应比赛。黑喇嘛从马群中挑选了一匹儿马(雄性),不用备鞍,骑出很远。马跑回来的时候,黑喇嘛在马背上站着。马贼叹服黑喇嘛的马术,放走他和马群。并约定只要是黑喇嘛来赶马,绝不拦截。马群赶回后,王爷很高兴,论功行赏,让黑喇嘛从马群中挑选一匹好马。黑喇嘛选了一匹看上去很不起眼的马。但经过一年的饲养,这匹马长成了一匹人见人爱的宝马。

抗战胜利后,赤峰地区是国共两党争夺的重要地区之一。六七十岁的长者,对于发生在战争年代的重要事件,陆续地还能够忆述一些。1946年腊月,人们杀猪宰羊准备过春节的时候,驻扎在承德的国民党第13军,派部队经过围场克勒沟进入王爷府地区,对与围场相邻的王爷府和旺业店地区进行了扫荡。大富裕沟沟里的白太梁(山名),是白太沟行政村与大富裕沟自然村分界的山梁,八路军蒙古连(喀喇沁旗地方武装)与国民党部队在此展开激战。山梁距离山下的村庄很近,能够清楚地听到枪炮声。20世纪70年代,村民在白太梁做农活时捡到过子弹壳,说明此地曾经确实打过仗。八路军的一个排在大富裕沟木头街百(地名,当时有住户),遭到国民党军的炮袭,有两个20多岁的战士当场牺牲,被安葬在木头街百。

大富裕沟和小富裕沟,当时住户比较多,又在山里,都曾经收留、掩护过八路军的伤病员。

四　姓氏家族

据笔者2008年统计,老公地自然村有两个村民小组,共有95户,335人。姓氏统计有17个姓氏(见表1-3)。

表1-3　2008年老公地村姓氏情况统计表

单位:户

姓氏	腾	唐	王	刘	高	张	孙	于	李	靳	吕	杨	庞	吴	赵	陈	郝
户数	2	5	9	3	13	14	7	9	6	3	3	5	1	4	8	2	1

从表1-3可以看出,有17个姓氏。比较早在老公地村定居的家族,一般户数比较多。腾、唐、靳、吕、杨、庞、吴、赵、陈、郝等,均有独立的1个家族。王姓有3个家族。刘姓有2个家族。于姓有2个家族。高姓有2个家族。张姓有3个家族。孙姓有2个家族。李姓有2个家族。全村95户由有血缘关系的26个家族组成。

与老公地自然村比较,大富裕沟自然村立村比较早,在很长时期内一直是蒙古族聚居村。2008年夏,笔者也对该村进行了比较详细的调查。大富裕沟村由3个村民小组组成,有80户,262人。姓氏统计有19个姓氏(见表1-4)。

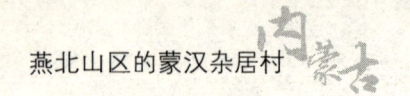

表1-4 2008年大富裕沟村姓氏情况统计表

单位：户

姓氏	李	韩	王	白	湛	曹	赵	张	宋	孟	魏	吴	戴	邱	董	姜	曲	黄	朱
户数	8	2	10	9	1	1	4	11	2	2	5	9	1	1	5	1	2	2	4

除了李、王、白、赵、张、吴外，其余的每个姓氏均是独立的1个家族。李姓有2个家族，王姓有4个家族，白姓有2个家族，赵姓有2个家族，张姓有3个家族，吴姓有2个家族。总计有28个家族。

无论是老公地自然村还是大富裕沟自然村，有的家族虽然户数和人口比较多，但是并没有很强的宗族观念，家族间的联系并不是特别地紧密。家族之间除了有事情互相帮助以外，没有出现家族势力。家族对地方的政治、经济、人际关系以及资源分配等，没有什么影响。

第二章 基层政权建设

第一节 党团组织

一 党总支

2007年7月以前，富裕地村的党组织是"中共富裕地村党支部"。2007年7月13日，中共王爷府镇委员会发文，撤销王爷府镇"中共富裕地村党支部"，建立"中共王爷府镇富裕地村党总支"，下设两个党支部，分别是"中共王爷府镇富裕地村党总支花卉种子繁育党群共富合作社党支部"和"中共王爷府镇富裕地村党总支农业党支部"。

之所以建立中共富裕地村党总支是因为富裕地村有一个"花卉种子繁育党群共富合作社"。中共党员在花卉种子繁育工作中发挥了积极作用。此外在食用菌栽培、蔬菜种植及制种增产增收经济效益等农业方面，中共党员也起了示范作用。中共王爷府镇党委根据富裕地村的实际情况，及时地变革了富裕地村的党组织，建立了一个党总支，下辖两个党支部。

2009年5月13日，中共富裕地村党总支完成换届选举。根据王爷府镇党委的换届选举实施方案，规定中共富裕地村党总支人员总数为 5 人。其中党总支书记 1 人，委员 4 人。截至 2009 年年底，中共富裕地村党总支由 5 人组成，分别是昊常英、于双印、孟显福、吴桂兰、汪显庆，昊常英为书记，该党支部平均年龄 47.8 岁，最大年龄 59 岁，最小年龄 39 岁，其中有女同志 1 名。在党总支 5 人中，工作年限最长者 30 年，工作年限最短者 3 年。其中 1 人系在镇政府工作离岗退养干部。

截至 2009 年年底，中共富裕地村党总支共有党员 36 人，其中预备党员 1 人，女性党员 7 人，少数民族党员 19 人。党员平均年龄 52 岁，27~35 岁的党员 4 人，36~45 岁的党员 8 人，46~60 岁的党员 15 人，61~85 岁的党员 9 人。

在 2008 年入村调查过程中，笔者得到一份村党支部提供的 2007 年 10 月 1 日填报的党员情况表（见表 2-1）。

表 2-1 中共富裕地村党总支党员花名册

姓 名	性别	出生年月	民族	文化程度	入党时间
阎双庆	男	1940.12	汉	初中	1961.3
孟显福	男	1951.7	蒙	初中	1974.11
林艳辉	男	1978.12	蒙	初中	2000.9
李宝三	男	1954.8	汉	初中	1991.8
高 奎	男	1951.8	汉	高中	1974.11
高秀文	男	1952.4	满	初中	1975.10
吴文信	男	1932.2	汉	大专	1987.5
于双印	男	1971.12	蒙	初中	2005.1
于 春	女	1970.4	汉	初中	2000.7
李文儒	男	1948.1	汉	中专	1972.1
肖 合	男	—	汉	—	—

续表

姓　名	性别	出生年月	民族	文化程度	入党时间
王金学	男	1966.12	蒙	初中	1997.8
唐树峰	男	1972.10	汉	初中	1994.6
刘永河	男	1959.6	汉	高中	1986.5
王　瑞	男	1963.12	满	高中	1992.7
李荣德	男	1929.10	汉	文盲	1952.12
魏永河	男	1925.4	满	文盲	1949.2
付桂芝	女	1953.9	汉	小学	1977.2
白金瑞	男	1956.1	蒙	初中	1974.11
孙文强	男	1956.10	蒙	初中	1979.7
魏玉龙	男	1943.8	蒙	初中	1976.10
李　娟	女	1982.11	蒙	初中	2007.12
于占奎	男	1940.10	汉	中专	1979.12
吴桂兰	女	1962.9	蒙	高中	1992.7
郑　坤	男	1945.10	汉	高中	1971.9
于彩霞	女	1961.4	蒙	高中	1996.7
邓雪兵	男	1981.9	蒙	高中	1998.9
郑志军	男	1967.5	汉	初中	2000.9
陈　友	男	1949.8	汉	初中	1974.11
陈宝龙	男	1968.5	蒙	高中	1992.7
张淑云	女	1956.3	汉	高中	1995.7
吴常英	男	1963.2	汉	中专	1984.10
苏玉芬	女	1956.11	蒙	高中	—
包　龙	男	1974.10	蒙	初中	1996.10
汪显庆	男	1964.7	蒙	高中	1992.7
汪显军	男	1966.12	蒙	高中	1986.12

从党员花名册可以看出，在36名党员中，20世纪40年代入党党员1人，50年代入党党员1人，60年代入党党员1人，70年代入党党员11人，80年代入党党员6人，90年代入党党员11人，2000年入党党员3人，2005年入党党员1人，2007年入党党员1人。1人没有统计。从年龄上看，20世纪五六十年代出生的党员比较多，"70后"党员5人，"80后"党员2人。党员整体文化素质比较高，初中以上学历党员32人，占党员总数的88.89%。

中共富裕地村党总支花卉种子繁育党群共富合作社党支部，共有成员3人，其中支部书记1人，委员2人，平均年龄49.6岁，支部共有党员13人，平均年龄52.8岁。中共富裕地村党总支农业党支部共有成员3人，其中支部书记1人，委员2人，平均年龄47岁，支部共有党员23人，平均年龄51.6岁。

二　村党总支书记

现任中共富裕地村党总支书记杲常英，男，1963年2月出生，中专文化程度，系本行政村第九组村民。

杲常英1981年10月应征入伍，在河北丰县某部队服役。入伍后第一年入团，第三年10月入党，在部队共服役6年。服役期间当过侦察兵、通信员、文书兼军械员，养过猪，种过菜，后又担任过军士长等职务，多次受到连、营嘉奖，被所在团树为优秀标兵，1986年立二等功，1987年年底退伍。1988～1989年，任喀喇沁旗美林乡武装部长，后转任农机站站长职务。2001～2005年，因机构改革，调喀喇沁旗旺业店镇政府农机站工作。2005年，因机构改革下岗退养。2006年8月，接受中共喀喇沁旗王爷府镇党委指示，担任中共富裕地村党支部书记职务。

三 村委会

2009年夏，笔者回村进行补充调查，正好赶上村委会换届选举。上一届村委会主任是于双印，村委会成员有孟显福和吴桂兰。选举新一届村委会，需要在中共王爷府镇党委和王爷府镇政府领导下，在中共富裕地村党总支具体组织下，组织全村有选举资格的选民，进行无记名投票，以普选方式直接选举。

经过审核，有两位村民符合竞选村委会主任的条件，有两位女性村民符合竞选村委会妇联主任的条件，有两位村民符合竞选村委会会计的条件。8月18日上午，富裕地村委会选举在富裕地小学举行。各村民小组有选民证的村民都来到小学。组织者给各位选民发放选票，不能前来投票的选民可以委托他人投票。共有3张选票，每张选票上有竞选相同职务的两个人的名字，选举哪位候选人就在名字的上方画一个圆圈。候选人得票数量须过选民总数的2/3方能够当选。

8月18日上午的投票结果是竞选村委会主任的两位候选人，得票数量均未超过2/3，选举无效。村委会另外两位成员均顺利选出，都是在村委会任职多年的工作人员，一位是孟显福，一位是吴桂兰。因为两位在村委会为村民服务多年，诚心诚意为村民办事，很得村民的认可，加上两个人竞选的职务也不是主要职务，所以能很顺利地选出。后来了解到，8月下旬又组织了村委会主任选举，第三村民小组的孙广智当选为新一届村委会主任。新一届村委会成员分别是孙广智、孟显福、吴桂兰3人。

四　村"两委"成员的报酬

村"两委"实际由 6 人组成，党总支 5 人，包括村委会的 2 名成员。在 6 人中，于双印和汪显庆是村党总支委员，属于兼职，没有工资待遇。实际村"两委"班子成员只有昊常英、孟显福、吴桂兰和孙广智 4 人享受镇政府财政补贴的工资待遇。

王爷府镇政府每年拨给富裕地村"两委"班子成员工资是 12000 元。4 人平均分配，每人每年的工资只有 3000 元。上级政府规定，如果所在村经济条件好，村"两委"可以向镇政府申请批准，由所在村对村"两委"成员予以经济补贴，所在村经济条件不好的不予补贴。富裕地村经济条件不好，没有集体经济，所以村"两委"没有向镇政府提出补贴工资申请。

中共党群共富合作社支部和农业支部人员总数分别是 3 人，全部是兼职，没有工资待遇。

第二节　村"两委"制度建设

一　村务公开制度

为贯彻落实《中国共产党党内监督条例》，进一步推行民主政治建设，搞好社会监督，密切党群干群关系，增强党组织的凝聚力、战斗力和向心力，根据中共王爷府镇党委的工作部署，富裕地村"两委"班子，把党务、村务公开作为一项制度，认真贯彻落实。

为了贯彻落实党务村务公开，成立了村党务村务公开领导小组,组长由村党总支书记担任,成员由"两委"党员担任。规定村党务村务公开领导小组的职责是:第一,按照镇党委的统一布置,落实本村党务村务公开工作的各项任务;第二,负责向党委请示汇报党务村务公开工作的重大事项和进展情况;第三,负责制定《村党务村务公开工作实施方案》及各项制度;第四,负责村党务村务公开工作意见,建议和收集整理及反馈工作;第五,负责村党务村务公开工作,总结推广典型经验;第六,协调和解决党务村务公开工作中的重大问题。

党务村务公开流程是:提出预公开事项→填写公开事项审批单→主管领导审批→本村党务村务公开领导小组审核批准→重大事项报王爷府镇推进党务公开领导小组审核批准→本村党务村务公开领导小组审核批准→按时限、范围采取适当形式进行公开→收集整理党员群众意见和建议→如无意见、建议,则继续公开,如有意见、建议,由公开领导小组内主管领导及时反馈→针对意见、建议、研究整改落实→将要处理和落实情况予以公开→对原公开事项、内容进行调查完善→再公开。

党务村务公开的内容有:村干部分工、党员设岗定责、党费缴纳情况、党员学习培养计划、年度村干部工资、村班子承诺情况、村年度工作目标、村重点工作进展、民主理财小组名单、村委会年度收支、村资产负债情况、即时公开的其他内容,以及群众关心的党内热点问题,容易出现以权谋私滋生腐败、引发不公现象的事项,等等。

2008年夏,笔者到富裕地村委会调研时发现,在村委会办公场所走廊的墙壁上,设有用铝合金和玻璃制作成的"村务党务公开栏目",栏目内有各种公开的事项。有"村

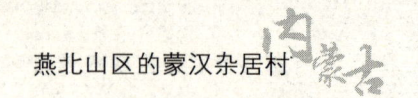

党支部人员名单及职责分工"、"党员设岗定责情况"、"2008年工作计划"、"村干部2007年度工资"等。

二 村级党内民主决策制度

成立了富裕地村党的民主决策机制工作领导小组，由村党总支书记担任组长。成员3人，由党总支其他人员担任。

村党内民主决策的基本原则是：党的领导原则、民主集中原则、积极稳妥原则、遵章守纪原则、群众认同原则。

村级党内民主决策主要内容包括：与全村党员群众切身利益密切相关的公共事项，如村级经济社会发展规划、村级基础设施建设、项目立项或建设、村级财务收支管理、集体收益使用、集体资产处理、集体企业改制、集体土地承包租赁、公益事业经费筹集、招商引资、集体举债、村干部补贴、党员发展、后备干部确定、村委会换届提名等。

村级党内民主决策流程：征求、收集党员群众意见→归纳整理后形成议题，或村党组织、村民委员会，1/10以上村民联名或1/5以上村民代表具名，党员单独或联名提案等直接形式形成议题→组织村"两委"成员对议题进行调查研究→召开村两委联席会议→提出初步预案→对一些重大事项召开由党员、村民代表、专业技术人员参加的听证会、咨询论证、讨论协商初步预案，报镇党委和政府审核把关→村党组织公开初步预案并继续征求党员和群众意见→村党组织根据征求到的意见和听证结果形成正式方案→召开党员大会对方案进行审议（2/3以上参加，2/3以上通过）→召开村民代表会议进行表决（2/3以上参加，1/2以上通过）→村两委班子进行办理承诺，并就落实情况向村党员群众汇报。

据村务会档案记载，2007年选出的村民委员会共34人分布在10个村民小组，其中第一村民小组有张辉等4人，第二村民小组有李振东等3人，第三村民小组有王力军等4人，第四村民小组有刘玉等5人，第五村民小组有王瑞等2人，第六村民小组有李国平等2人，第七村民小组有张金瑞1人，第八村民小组有刘福等5人，第九村民小组有陈祥等4人，第十村民小组有刘永才等4人。

三 党群议事会制度

由全体党员、村委会成员、村中各级人大代表和各村民小组推选的代表，组成"党群议事会"会议代表。

"党群议事会"议事范围有6项内容。

第一，讨论和听取村党支部、村委会班子成员年度工作计划和年终工作总结。与会人员监督村党支部、村委会班子成员述职的真实性。

第二，审议决定党支部、村委会发生的重大分歧事项和党支部、村委会提出的其他事项。

第三，审议财务收支。

第四，讨论和决定本村公共事务和公共事业的具体事项。

第五，监督村民规约的执行情况。

第六，讨论决定需要由村党群议事会议决定的其他事项。

"党群议事会"每半年召开一次，遇到特殊情况，可以随时召开。

"党群议事会"的议事程序是：首先，由村"两委"召开联席会议确定"党群议事会"要讨论的书面议案。然后，由村党支部牵头、总支书记主持，由镇党委派遣一名党委委员到会监督指导，召开"党群议事会"会议到会人数为应到会人数的80%方可开会。会议充分讨论后，经过到会人数表决，半数以上方可通过。"党群议事会"设有专人负责记录，记录材料存档，不准更改原始记录，有不同意见可以保留，也可以向上级反映。

四 村财务管理制度

第一，设会计和出纳，坚持会计管账、出纳管钱，收支有据。

第二，财务收支票据由村民主理财小组审查签章。

第三，村财务实行民主理财，财务公开的原则。支出在200元以内的由书记主任共同审批；200~500元由村班子集体研究决定；500元以上必须经村民代表会议或村民会议讨论决定。各项收支做到日清月结，每季度将财务收支结果向村民公开，年终立卷归档。

第四，财务人员变动离岗，应将所管财务、票据及档案，列出移交清单，经上级审计后，在村党支部或村委会主任的监督下，办理交接手续。

第五，在每年年终及村重点项目竣工和干部离任时，由中共王爷府镇纪委、王爷府镇"农经站"对村财务收支情况进行审计，并通过一定形式向村民公布。

五 民主评议村干部制度

民主评议或测评村干部，结合年终工作总结，每年进行一次。民主评议村干部的内容包括村干部的政治素质、思想作风、工作能力、业务水平、工作态度、工作作风、工作成绩等。民主评议干部的原则是依据国家有关法律、法规和党的有关方针政策，实事求是；注重干部实绩，抓主要问题；评议与村干部的奖惩结合；既要保障评议人的民主权利又要注意被评议人的正当权益。民主评议的方式是召开党员、村民代表会议，首先由村干部述职，然后按照称职、基本称职、不称职三个档次，进行无记名投票，最后将评议结果记入党群议事会会议记录簿存档。根据评议结果对称职的干部给予表扬和奖励，对基本称职的干部给予鞭策，对不称职的干部予以警告直至罢免。凡连续两年被评为不称职的村班子成员要进行罢免和改选。评议的结果向村民公布。

六 村规民约

为了规范村民的社会道德，营造良好的村风，在广泛征求意见的基础上，村民大会通过了《富裕地村村规民约》，内容分社会治安、消防安全、村风民俗、邻里关系、婚姻家庭等5大方面。

七 便民、利民服务制度

在村办公场所建立"村级为民服务中心"，由住村指导员担任村级为民服务中心指导员，村党总支书记任主任，村党员、村委班子成员、入党积极分子、科技示范户、村民代表等组成志愿者队伍。

"村级为民服务中心"以"替民办事、帮民致富、为民解忧、让民满意"为宗旨，服务内容主要包括政务全程代

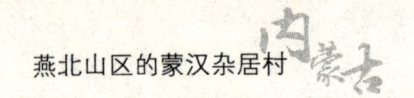

办、政策信息宣传、实用科技指导、维稳调处、农产品销售、农村信贷、文化公益事业、劳动力转移等。

"村级为民服务中心"的工作方式是根据志愿者个人的特长,进行分工,设立服务登记簿,实行电话联系上门办理和村"两委"干部轮流值班接待的形式,承诺办理期限,及时办结有关事项。对于上诉服务项目及时与有关部门取得联系,实行全程代理。

第三节 村"两委"工作情况

近几年,村"两委"班子在设施农业、水利建设、牧业、养殖业、农电改造、花卉种子繁育、蔬菜生产、蔬菜制种、村部建设等方面都做了大量的工作,收到了一定的实效。

一 村部建设

2006年村支部和村委会换届选举后,首先抓的第一件大事就是改建村部场所。原有村部房屋是20世纪70年代上山下乡运动知识青年的居住点。由于当时仓促建房,加之年久失修,房屋已成危房,每到雨季便多处渗漏。部分房屋租给了村民开养鸡厂,一到夏季,苍蝇满院,养鸡的气味难闻,无法喘气。上一届村"两委"班子曾试图维修,但是苦于无资金来源,加上房屋残破,也没有太大的维修价值,也就不了了之了。

为适应新农村建设和村里经济发展的需要,为给外来投资者营造一个良好的环境,树立本村良好的外在形象,村"两委"决定把修建村委会办公场所作为富裕地村农村基层党组织建设的突破口。在上级党组织的支持下,村

"两委"筹集资金20余万元，选新址，新建村部一处。新村部有14间房，240多平方米，院落面积3.8亩，能够种植蔬菜。从此村部面貌焕然一新，不但有办公室，还有图书阅览室、文化活动室、微机室、厨房、餐厅、值班室等，极大地改善了富裕地村"两委"的工作条件，优化了中共富裕地村党组织的活动阵地。

二 特色产业建设

富裕地村属于人多地少的地区，人均耕地不超过2亩，仅依靠粮食生产，无法改变村民的困难状况。本村很早就有种植蔬菜、药材、烤烟等经济作物的历史，极大地提高了耕地单位面积收益。村"两委"班子充分认识到富裕地村的这一现状，在引导和推动本村特色产业方面做了很多工作，取得了不小的成绩。

（一）发展壮大花卉产业

建立了"富裕地村花卉种子繁育党群共富合作社"，合作社内成立了党支部，党支部直接参与发展花卉产业。党员和群众大搞花卉产业，走共同富裕的路子。通过成立合作社，产品质量得到了保证，拓宽了销售范围，销售数量明显增多，经济效益更加明显。花卉收入占全村村民经济收入的60%以上。2007年7月，内蒙古自治区党委书记褚波同志和自治区主席杨晶同志亲自率领考察团来富裕地村视察，对花卉产业予以很高的评价。

（二）推动食用菌栽培

村"两委"积极争取喀喇沁旗开发办合作项目，争取

图 2-1　栽种在冷棚里的花

经费和技术支持,选择有潜力有积极性的村民与喀喇沁旗政府开发办引进的商户签订合同,树立示范户,推动食用菌栽培产业在本村生根发芽。自 2007 年起,全村发展食用菌户 23 户,菌棒 21 万个,收入达 50 余万元。

(三) 推动蔬菜生产及制种产业

本村的第一、第二、第三、第四、第五、第八村民小组都有种植蔬菜的历史。苦于蔬菜销路和蔬菜价格不稳定,村民的蔬菜生产规模时起时落,种菜收益也有很大波动。为了稳定蔬菜生产,保护村民种菜积极性,村"两委"主动与喀喇沁旗扶贫办、开发办联系,通过扶贫办和开发办等单位、与蔬菜营销商建立联系,帮助村民与外地蔬菜营销商签订合同。在和蔬菜营销商联系的过程中,不仅为他们提供蔬菜,还开辟了蔬菜种子生产业务。2005 年以前蔬菜生产都是大田生产,2006 年逐步改为大棚生产,2006 年蔬菜大棚26亩，2007年又发展蔬菜大棚300多亩。

（四）推动养牛产业

新中国成立后，富裕地村一直是半农半牧地区，有养殖牛羊等传统。从前的养殖方式是放牧。因为牧场有限，养殖数量非常小。随着退耕还林政策的实施，政策禁止了放牧。为了开辟村民致富渠道，村"两委"与上级有关部门协调，得到了国家的扶持，首先在第四村民小组建成了20余座标准牛舍，从事养牛育肥。

三 兴修水利

农业生产是富裕地村的支柱，是村民的根本。村"两委"非常清楚农业在本村各种产业中的重要地位，积极争取上级的投入，兴修水利，组织村民打机电井。2007年完成了从锡伯河引水经过第一、第二、第三、第四和第八村民小组的全长7公里的灌渠。这条灌渠是富裕地村最重要的灌渠，新中国成立后，曾经多次维修，由于村民不注意保护，维修几年后就会因为人为或自然因素毁坏。2007年春，村"两委"争取到国家扶贫款，把水渠做了彻底整修，用水泥板加固灌渠的底部和渠沿，当年秋季村民浇地就派上了用场。

此外，富裕地村还组织村民利用上级援助的水利开发资金和设施，大力发展机电井。

水利设施的兴修，让本村村民尝到了甜头。2009年夏，当地遭遇到了50年不遇的大旱灾，锡伯河断流。本村锡伯河两岸的村民依靠机电井保证了粮食和蔬菜等的产量。

四　整修村路

2006年，村"两委"利用"赤承"公路需要从当地挖取土石方的机会，由施工方负责为第五、第六、第七村民小组修建了一条村路，彻底改变了大富裕沟村几十年来的自然路状况，极大地便利了村民出行。

图 2-2　大富裕沟村村路

五　组织扶贫救困

根据上级政府的指示，每年对低保户发放上级下发的扶贫款。统计确定本村生活困难的党员，采取救济措施。2007年4月确定了3位生活困难的党员，分别采取了享受低保和困难补助的救济措施。对于有劳动能力的低保对象，积极引导发展种植业或养殖业，帮助摆脱困难。

六　组建富裕地村花卉种子繁育党群共富合作社

1996年，富裕地村开始繁育花卉种子。经过几年的发展,富裕地村的花卉种植已经在赤峰地区小有名气,为该村部分村民脱贫致富做出了重大贡献。部分村民依靠种植花卉、营销花卉种子,买上了小汽车,盖起了气派的房子,在旗政府所在地锦山镇买了楼房。

随着花卉种子繁育生产规模的不断扩大,生产品种不断增多,出现了"种植品种难统一,土地分散难集中,销售价格难协调,资金劳力难保障"等诸多问题,限制了花卉种子繁育产业发展。为了把这一特色产业做大做强,增加农民收入,在中共王爷府镇党委和富裕地村党支部两级党组织的积极协调下,2004年初,组建了"富裕地村花卉种子繁育党群共富合作社"。

2007年经上级党组织审批,又成立了"富裕地村花卉种子繁育党群共富合作社党支部"。党支部的职责是:第一,指导和监督花卉种子繁育合作社成员遵纪守法,合法经营;第二,积极参与合作社的各项事务,对合作社经营的重大问题提出意见和建议,提供信息技术、培训等服务;第三,维护合作社成员的正当权利;第四,加强党员的教育管理,做好发展党员工作;第五,发挥党员先锋模范作用,带动成员发展壮大产业;第六,在产业发展壮大中充分发挥战斗堡垒作用,在成员中发挥政治核心作用;第七,对产业合作社的运转和具体事物采取"参与不干预,到位不越位,引导不包办"的原则。

合作社党支部书记兼任合作社理事长,合作社党支部委员兼任合作社理事,另外再选择5名成员任合作社理事。

合作社党支部成立后,走"能人带动产业,产业带动基地,党群携手致富"的路子,在生产中做到"六统一",即"统一进行基础建设,统一组织签订协定,统一安排种植品种、统一供应生产物资、统一提供技术指导、统一进行联户联防"，实现了农户小生产与大市场的有效对接。

2007年，富裕地村加入合作社的成员达到50名，其中"党员经营户"成员6名，"入党积极分子户"成员3名。繁育的花卉种子品种有万寿菊、串红、三色锦、美女樱等50多个品种，花卉基地面积达510亩。生产的花卉种子远销大连、山东等地和日本、韩国等国家，纯收入达到500余万元，花卉种植户人均年增收5000元以上。

附录一 《富裕地村村规民约》

为了推进我村民主法制建设，维护社会稳定，树立良好的民风、村风，创造安居乐业的社会环境，促进经济发展，建设文明卫生新农村，经全体村民讨论通过，制定本村规民约。

一 社会治安

1. 每个村民都要学法、知法、守法，自觉维护法律尊严，积极同一切违法犯罪行为作斗争。

2. 村民之间应团结友爱、和睦相处，不打架斗殴，不酗酒滋事，严禁侮辱、诽谤他人，严禁造谣惑众，搬弄是非。

3. 自觉维护社会秩序和公共安全，不扰乱公共秩序，不阻碍公务人员执行公务。

4. 严禁偷盗、敲诈、哄抢国家、集体、个人财物，严禁赌博，严禁替罪犯藏匿赃物。

5. 严禁非法生产、运输、储存和买卖爆炸物品；经销烟火、爆炸等易燃物品须经公安机关等有关部门批准，不得私藏枪支弹药，拾得枪支弹药、爆炸物品，要及时上缴公安机关。

6. 爱护公共财物，不得损害水利、道路交通、供电、通信、生产等公共设施。

7. 严禁非法限制他人人身自由或非法侵犯他人住宅，不准隐匿、毁弃、私拆他人邮件。

8. 严禁私自砍伐国家、集体或他人的林木，严禁损害他人庄稼、瓜果及其他农作物，加强牲畜看管、严禁放牧猪、牛、羊。

对违反上述社会治安条款者，触犯法律法规的，报送司法机关处理。尚未触犯刑律和治安处罚条例的，由村委会批评教育，责令改正。

二　消防安全

1. 加强野外用火管理，严防山火发生。

2. 家庭用火做到人离火灭，严禁将易燃易爆物品堆放户内、院内，定期检查，排除各种火灾隐患。

3. 加强村落防火设施建设，定期检查消防池、消防水管和消防栓，保证消防用水正常。

4. 对村内、户内电线要定期检查，损坏要请电工及时修理、更新，严禁乱拉乱接电线。

三　村风民俗

1. 提倡社会主义精神文明，移风易俗，反对封建迷信及其他不文明行为，树立良好的民风、村风。

2. 红白喜事由红白喜事理事会管理，喜事新办，丧事从简，破除陈规陋俗，反对铺张浪费，反对大操大办。

3. 不请神弄鬼或装神弄鬼，不搞封建迷信活动，不听、不看、不传淫秽书刊、音像，不参加邪教组织。

4. 建立正常的人际关系，不搞宗派活动，反对家族主义。

5. 积极开展文明卫生村建设，搞好公共卫生，加强村容村貌整治，严禁随地乱倒乱堆垃圾、秽物，修房盖屋余下的垃圾碎片及时清理，柴草、粪土应定点堆放。

6. 建房应服从村庄建设规划，经村委会和上级有关部门批准，统一安排，不得擅自动工，不得违反或损害四邻利益。

违反上述规定的给予批评教育，出具检讨书，情节严重的交上级有关部门处理。

四　邻里关系

1. 村民之间要互尊、互爱、互助，和睦相处，建立良好的邻里关系。

2. 在生产、生活、社会交往过程中，应遵循公平、自愿、互惠、互利的原则，发扬社会主义新风尚。

3. 邻里纠纷，应本着团结友爱的原则平等地协商解决，协商不成的可申请"村调解委"调解，也可以依法向人民法院起诉，树立依法维权意识，不得以牙还牙，以暴制暴。

五　婚姻家庭

1. 遵循婚姻自由、男女平等、一夫一妻、尊老爱幼的原则，建立团结和睦的家庭关系。

2. 婚姻大事由本人做主，反对包办干涉，男女青年结婚必须符合法定结婚年龄要求，提倡晚婚晚育。

3. 自觉遵守计划生育法律、法规、政策，实行计划生育，提倡优生优育，严禁无计划生育或超生。

4. 夫妻地位平等，共同承担家务劳动，共同管理家庭财产，反对家庭暴力。

5. 父母应尽抚养、教育未成年子女的义务，禁止歧视、虐待、遗弃女婴，破除生男才能传宗接代的陋习，子女应尽赡养老人的义务，不得歧视、虐待老人。

附录二
《富裕地村花卉种子繁育党群共富合作社章程》

第一章 总则

第一条，为加强"富裕地村花卉种子繁育党群共富合作社"（下简称"党群共富合作社"）的内部管理，充分发挥"合作社"的作用，实现共同致富，特制定本章程。

第二条，"富裕地村花卉种子繁育党群共富合作社"的宗旨是：以旗委、旗政府和上级党委政府的经济社会发展战略为指导，依照加入自愿、生产自主的原则，以地缘、血缘和经营项目为基础，以产业、资金、技术、信息等帮扶互助为纽带，由具有致富和带富能力，乐于助人的党员和各类经济能人牵头，联合有一定生产能力，守信用的农户，形成自我教育、自我管理、自我完善、自我发展的利益联合体，项目同上，信贷五保，生产互帮，风险共担，实现共同致富。

第三条，"合作社"要积极争取上级党组织的支持和帮助。

第二章 任务

第四条,"党群共富合作社"的作用

(一)研究制订发展计划,学习生产技术,调剂资金、物资,共同发展生产,共同发家致富;

(二)组织学习党和国家有关政策,有关科技文化知识,落实具体生产措施;

(三)向上级党、政府反映政策、技术、资金等方面存在的问题及要求;

(四)及时协调解决成员之间在产品质量、价格及市场营销等方面存在的问题。

第三章 活动原则

第五条,"党群共富合作社"的活动原则

(一)遵守党和国家有关法律、法规和政策,遵守社会公德;

(二)诚实守信、公正公平,不弄虚作假,不损害国家、集体和个人利益;

(三)自愿、民主、协商;

(四)费用自筹,使用自主。

第四章 成员

第六条,申请加入"党群共富合作社"的成员,必须具备以下条件:

(一)热爱国家,热爱中国共产党,热爱社会主义;

(二)遵守"党群共富合作社"章程,遵守信用;

(三)有较强的致富愿望,有一定的生产能力。

第七条,成员加入"党群共富合作社"的程序

(一)向"党群共富合作社"提出加入申请;

(二)经"党群共富合作社"成员会议讨论并全票通过。

第八条,成员享有下列权利

(一)行使选举权、被选举权和表决权,对申请加入人员有一票否决权;

(二)参加"党群共富合作社"的活动;

(三)对"党群共富合作社"提出批评和建议;

(四)优先得到"党群共富合作社"的服务和帮助。

第九条,成员应履行下列义务

(一)遵守"党群共富合作社"章程;

(二)落实"党群共富合作社"的生产措施;

(三)维护"党群共富合作社"的利益和合法权益;

(四)主动向"党群共富合作社"反映生产情况,提供有关资料信息;

(五)完成"党群共富合作社"交办的工作。

第十条,成员退出应提前通知。

第十一条,成员有违反章程、损害"党群共富合作社"利益的行为,经全体成员表决通过,予以除名。

第十二条,成员退出或除名时,应交回有关证件。

第五章 组织机构和负责人

第十三条,"党群共富合作社"全体成员会议定期或随时召开。"党群共富合作社"负责人由全体会议选举产生。

第十四条,"党群共富合作社"负责人应具备下列条件

(一)政治面貌为党员,入党积极分子或经济能人;

(二) 在"党群共富合作社"生产经营领域内有一定影响；

(三) 年龄原则上不超过55周岁，具有一定的文化水平，身体健康。

第六章　附则

第十五条，本章程自"党群共富合作社"全体成员通过之日起生效。

附录三
《富裕地村 2008 年重点工作计划和目标》

2008年，我村以党的十七大精神为指针，以镇党委政府"两干会议"精神为指导，认真贯彻落实科学发展观，并结合我村实际，以农民增收为目标，以发展集体经济为突破口，以特色产业为龙头，以扩大产业规模为主导思想，使全村2008年各项工作再上一个台阶。

我村今年的重点工作是：

一、加快发展设施农业。在去年花卉产业发展的基础上，今年要有新思路，转变和拓展产业思路，准备在花卉产业发展的基础上搞蔬菜种植和制种。计划在村部院内搞实验基地一处，大棚3个。在第八、第九、第十村民小组搞甜玉米种植100亩。

二、进一步做大做强食用菌产业。去年食用菌产业共5户，有菌棒5万棒，冷暖棚共10个。今年准备在去年的基础上发展食用菌产业共10户，食用菌棒发展到15万棒，建冷棚10个。

三、进一步扩大基础设施建设。今年以水利建设为重点，加快农业设施建设，计划整修灌渠 3000 米，新打机电井 10 眼，保证灌溉面积 700 亩以上，确保人畜饮水到位，完成第八村民小组房后锡伯河坝缺口 30 米的修复工作。

四、完成道路整修和街道整修及管理，加快新农村建设的步伐。今年准备 10 个村民小组的乡间道路整修 3000 米，并且加强治理主要街道，使街道两侧无垃圾、杂物，做到街道整齐、清洁卫生。

五、搞好精神文明和物质文明建设。今年准备在"七·一"党的生日期间，以歌颂党的光辉业绩和宣传村里的好人好事为主题搞一次全村汇演，以此来提高和推动村民的物质文化和精神生活。

六、搞好和推动农村能源建设。以前村里也搞过沼气，但没有得到效益，今年准备在一个小组发展，明年以点带面，全村铺开，让群众真正得到实惠和效益。

以上是我村 2008 年工作的中心工作，在镇党委、政府、旗帮扶单位的支持和旗有关单位的大力协助下，加之村两委班子齐心协力，排难争先，解放思想，振奋精神，今年的工作目标一定能够实现。

富裕地村党总支、富裕地村委员会
2008 年 3 月 10 日

第三章 经济发展

第一节 农业

一 生产条件

(一) 耕地状况

据调查统计,截至 2000 年,富裕地村总耕地面积为 3815 亩,人均 2.28 亩。1961 年全村耕地面积最大,曾经达到了 4718 亩,人均 3.76 亩。与历史时期比较,全村耕地面积减少了 903 亩,人均减少了 1.48 亩。耕地有坡地,有平地,有旱地,也有水浇地。各组耕地面积数量及其变化不一(见表 3-1、表 3-2)。

表 3-1 富裕地村耕地状况表 (1980~2000 年)

单位:亩

组别	1980 年	1985 年	1990 年	1995 年	2000 年
一组	329	328	328	363	356
二组	333	265	265	257	296
三组	396	305	302	313	340
四组	676	562	562	438	586

续表

组别	1980年	1985年	1990年	1995年	2000年
五组	422	295	295	230	344
六组	422	291	291	264	343
七组	246	265	265	189	270
八组	609	413	413	448	510
九组	476	298	297	368	390
十组	460	318	317	330	380
合计	4369	3340	3335	3200	3815

表3-2 富裕地村耕地类型表

单位：亩

组别	1991年			1994年			1995年			1998年		
	山地	平地	水地	山地	平地	水地	山地	平地	水地	山地	平地	水地
一组	—	385	365	—	370	360	—	360	360	—	356	350
二组	15	245	200	15	242	200	15	242	200	54	242	200
三组	30	283	283	30	283	250	30	283	250	57	283	250
四组	142	296	248	142	296	290	142	296	290	290	296	290
五组	166	64	6	166	64	—	166	64	—	280	64	10
六组	195	69	—	195	69	—	195	69	—	264	69	—
七组	189	—	—	189	—	—	189	—	—	270	—	—
八组	239	217	217	239	217	250	239	209	250	301	209	250
九组	224	151	60	224	144	75	224	140	75	250	140	75
十组	217	145	71	217	136	75	217	120	75	260	120	75
合计	1417	1855	1450	1417	1813	1500	1417	1783	1500	2026	1779	1500

注：表中的平地面积含水地面积。

表3-1、表3-2的数字均来自富裕地村村委会的档案，是村委会工作人员根据历年各生产小组上报的数字统计而成，此后再无上报数字。如果没有洪水等冲毁耕地，

耕地总数变化幅度不大，相对比较稳定。尤其是土地承包30年不变的政策实行后，没有土地撂荒等现象发生。有占地盖房的现象，但数量不多，仍然计算在耕地内，所以不会造成大的耕地变动。"退耕还林"政策实行后，对于耕地总数影响比较大。由于"退耕还林"的收益大于种地的收益，每家每户，只要有坡地，一般都会选择退耕还林，这导致耕地总数有不小的变化。据村委会材料，2006年全村有耕地2440亩，其中水浇地1350亩。

(二) 水利灌溉

富裕地村的水利灌溉方式有两种，一种是引河水灌溉；另一种是汲取地下水灌溉。

计划经济时期，在台子沟沟口附近的锡伯河修筑了拦水坝和水闸，由西北向东南，弯弯曲曲地修了一条长长的水渠。水渠穿越了生产队一队（中营）、二队（老公地）、三队（马场沟）和六队（王爷地）的耕地，在春、夏、秋，干旱少雨时，能够引水灌溉。实行家庭联产承包责任制后，该水渠因年久失修，很长一个时期除了中营村部分耕地尚能够引锡伯河水灌溉外，其他村的耕地都已经无法使用，任由锡伯河水逝去。20世纪90年代中期，喀喇沁旗水利局下乡扶贫进驻富裕地村，曾经筹集经费重新修筑该水渠和拦水坝，没有使用几年，又废弃。2008年，中共富裕地村党总支和富裕地村村民委员会，从喀喇沁旗发展和改革局争取到10余万元，于同年秋季，重修了该渠。笔者2008年年底回老公地村调查，发现有一条重新修缮过的水渠，渠口在台子沟沟口锡伯河闸口处，大体上先沿着与锡伯河的平行方向向东南修筑了五六百米，然后沿着与旺业店镇的上老公地村的边界朝南约2公里进入村庄,在村庄沿村中的土路,由西北向东南方向穿行,一直到王爷地村东面的耕地。水渠全长约有3公里,能灌溉七八百亩耕地。听村干部介绍,水渠完工当年,中营和马场沟一部分耕地的秋汇地(秋收后,灌溉耕地称为秋汇地),均利用了该水渠,用上了锡伯河水。据估算,仅浇灌一次,该水渠就为马场沟村节省数千元的经费。

图3-1 引锡伯河河水的水渠

至于季节性的几条干河道,虽然夏季有溪水,冬季有冰,但是因为耕地在河道两边的山坡上,地势较高,加上溪水流量太小,根本无法用于灌溉。只有村民养的鸭鹅,在夏季去河道戏水。

使用河水灌溉，除了人工成本外，没有其他费用。但是村民反映，在旱季，庄稼急需水时，位于水渠上游的中营的耕地能够很好地利用水渠，使用锡伯河河水灌溉。但是水渠中游的老公地和下游的马场沟，以及水渠下游的王爷地，很难及时利用水渠的水灌溉。

家家户户都安装了压水井，有条件的人家还使用了潜水泵，除了生活用水外，也能够浇灌庭院里的蔬菜。锡伯河岸边的耕地，即中营、老公地、马场沟外（耕地分成沟里和沟外两部分）、王爷地、小富裕沟外（耕地分成沟里和沟外两部分），均属于平川地，地势低，地下水位高，比较容易利用地下水灌溉。

图 3-2　家中的压水井

计划经济时期，每个生产队都在耕地附近挖一口大的机电井，抽取地下水灌溉附近的耕地。机电井的井口都比较大，井容量也大，能够安装两三台电机或柴油机抽水，有效地起到了防旱抗旱的作用。家庭联产承包责任制实施以后，在相当长的时期里，各户顾各户，没有人能够号召大家维修集体使用的机电井。部分机电井年久失修,因出水量减少,被弃置。据村委会干部介绍,最近几年,为了防旱抗旱,喀喇沁旗旗委和政府以及王爷府镇政府,不断采取措施,鼓励挖机电井。有的是村民小组筹集经费打井,有的是关系好的村民共同筹资打井,国家也投资打井。通过努力,富裕地行政村机电井的数量达到了 24 眼。水浇地的面积虽然没有扩大,但是井的密度增加了。

图 3-3 抗旱用的机电井

老公地的地下水水位比较高,容易打井。每家每户,或者几户合作,在临近的地头打一口压水井,用小水泵抽水浇灌自己的耕地。打压水井成本低,方法也比较简单。地头压水井的井管直径约 5 厘米,长度大体为 4~6 米。在井管的一头电焊一块坚硬的带尖铁头。挨着铁头的井管 30~50 厘米长度全部用钢钻钻出进水的窟窿。井管的另一头做成螺丝扣,以便和压水井的井头衔接。准备好压水井的井管和井头后,在地头挖 1 米左右,然后用大锤把井管砸进地里。五六米的井管,在地上只留 1 米安装井头用。据调查统计,老公地有这样的水井 30 多眼。如果为了抽水量大,就需要挖成口井，再用石头、水泥和砖砌成，井下可以安放小型潜水泵，通电后可以抽水。

大富裕沟、小富裕沟和马场沟沟里的居民，无法使用地下水灌溉，农业生产完全靠降水。但日常生活用水全靠地下水。大富裕沟自然村沟里的村民，即第七村民小组，在政府的帮助下，于1998年钻了一口深井，全村村民除了搬迁到新址的两户外，全部使用从该水井抽送的自来水，解决了多年的吃水困难问题。大富裕沟其余村民或者独立一户，或者相邻的两户，均使用压水井或者潜水泵，抽取地下水，作为日常生活用水。个别人家也用于庭院蔬菜灌溉。

老公地、中营、王爷地的居民，每家每户的院子里，都有压水井或者使用潜水泵抽取地下水，作为日常生活用水，或者庭院蔬菜种植用水。

二 农作物种植

富裕地种植的农作物可以分成两大类：一类是传统的粮食作物；另一类是新兴的经济作物。

（一）粮食作物

当地种植的粮食作物，主要有玉米、谷子、黍子、黄豆、土豆、向日葵等。

大富裕沟的耕地都是旱地，所以主要种植玉米、谷子、黍子、土豆、向日葵等作物。老公地水浇地多，大部分耕地种植经济作物，少部分耕地种植玉米、谷子、小麦、土豆等。

大富裕沟村的粮食作物种植情况，见表3-3。

第三章 经济发展

图 3-4 山脚下的玉米和向日葵

表 3-3 2008年富裕地村第七村民小组粮食种植情况表

单位：亩

序号	户主	玉米	谷子	黍子	土豆	黄豆	向日葵
1	李青玉	6	2	1	0.2	1	1
2	韩瑞德	0	0	0	0	0	0
3	白俊青	5	6	0	0.5	0.8	0
4	王 廷	0	0	0	0	0	0
5	韩文忠	3.5	2	0	0	0.9	0.8
6	湛宝玉	0	0	0	0	0	0
7	曹凤瑞	0	0	0	0	0	0
8	王宗义	3	1	0.5	0.5	2	0.2
9	赵 祥	1	0	0	0.2	0.5	0
10	张振忠	3	2	0.5	1	1	0.7
11	张金瑞	3	1	0	0.5	0	0.5
12	王国志	5	4	1	0.5	0	1
13	王爱军	5	4	0	0	1	2
14	白文学	2	1.9	0	0.5	0	0

续表

序号	户主	玉米	谷子	黍子	土豆	黄豆	向日葵
15	王伟	0	0	0	0	0	0
16	白淑琴	2	2	0	0	1	0
17	王祥	4	1	0	0.1	0.5	0.4
18	白文玉	3	3	1	0	0	0
19	白永民	6	5	0	0.5	0.6	0.5
合计		51.5	34.9	4	4.7	9.3	7.1

表 3-3 的数字是笔者 2008 年 8 月入户调查的结果，几种农作物的播种面积按大小依次是玉米、谷子、黄豆、向日葵、土豆、黍子。通过计算可以知道，2008 年总播种面积是 111.5 亩，其中玉米播种面积最大，占总播种面积的 46.19%；谷子的播种面积占总播种面积的 31.3%。

据访谈，村民之所以种植这几种农作物，是考虑到当地耕地的特点、土地的收益、作物的用途等几个方面的原因。

村民偏好种植玉米是因为：第一，种植玉米比较省事，种植玉米，从播种到田间管理，再到收获，都省时省力，一个劳动力能够胜任十几亩地的田间管理。第二，玉米的种植和管理方法简单。首先是按照比例购买良种、地膜、化肥、除草剂，到播种时间就雇用覆膜机或者旋耕机，用四轮拖拉机带动，实施半机械化式播种，种子、化肥、除草剂等一次性完成。使用覆膜机的，每亩地 30 元费用，使用旋耕机的每亩地 35 元费用，播种 10 亩地玉米只需要半天就可以完成。其次是田间管理，只需要做两项工作或三项工作即可。第一项是当玉米发芽钻出土地后，需要在玉米幼苗生长的位置，用小木棍刺破地膜。第二项是当玉米幼苗长到尺许高的时候,每一堆玉米苗只留下一棵最好的,其余的拔掉。第三项工作视具体情况,可能有也可能没有。如果是水浇地,遇到干旱时需要引水灌溉;如果是山地,只能靠天降水,就没有浇地的问题了。如果遇到病虫害,需要为庄稼喷洒农药。第四项就是收获。收获时有两项工作,第一项是把玉米秸秆割倒;第二项是玉米秸秆晒干后,把秸秆上的玉米掰下,用车分别把秸秆和玉米运回家里。10亩地的玉米用三轮车运输,有10趟就能够运完,每趟支付20元的费用。10亩地的秸秆使用三轮车有5趟能够运完,每趟支付10元的运费。第三,村民种植玉米有两个用途,其一是用玉米换大米和白面,大米和白面运销商不定期地来村里兑换玉米,比直接出售玉米价格贵1分钱,而且是送货上门,村民感觉非常方便,收获的玉米都是按照市价,通过这种方式,陆续地换取了大米和白面。其二是养猪的村民,把收获的玉米按照饱满的程度分类后,不够饱满的秕子都用来喂猪,成为猪饲料。需要钱的村民也会出售部分玉米。2008年夏,玉米的市场价格达到了每公斤1.36元。

　　小米是当地的传统食品。种植谷子,主要是为了碾成小米食用。食用小米的方法同食用大米的方法相同,主要是做成米饭。

　　村民种植黄豆主要是自食。在端午节、中秋节、春节,村民都自制豆腐。平时,农活忙,村民没有时间制作豆腐,主要用黄豆换豆腐食用。中营有一户专门制作豆腐销售的村民。把做好的新鲜豆腐装在水桶里,为了保鲜,水桶里放上制作豆腐剩下的浆水,走村串户销售。

　　种植向日葵也是为了自食。生产的向日葵籽,大部分

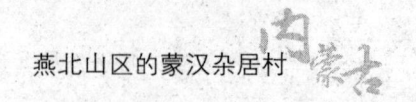

榨油食用。留小部分，在春节的时候，炒熟，作为干果，招待客人。

土豆和黍子的种植量都非常少，两种作物也是为了自食。这两种都是传统食品的用料。黍子脱皮后，叫做黄米，有黏性，食用后耐饥。黄米是制作粽子、腊八粥、黏豆包、年糕的原料。

在粮食作物方面，老公地与大富裕沟有很大不同。老公地播种面积最多的是玉米，亩产 650~750 公斤。其次是谷子，亩产 350~400 公斤。黍子、黄豆、油葵、芸豆的播种面积已经很小了。计划经济时期种植量比较大的小麦和土豆，已经无人种植。

出于粮食安全和减轻农民负担，当地政府执行国家政策，2004 年开始，停止征收农业税。从 2005 年开始，对粮食种植予以补贴。2005 年粮食补贴改为直接发放现金。2006 年开始，当地政府直接把补贴的资金打到了村民的存折上。

（二）经济作物

经济作物主要分布在中营、老公地、马场沟、王爷地等自然村的水浇地地区。

经济作物的种类有烤烟、药材、花卉、蔬菜等。烤烟和药材是 20 世纪 80 年代主要的经济作物，20 世纪 90 年代以后，当地的主流经济作物被花卉和蔬菜取代。

1. 花卉

据富裕地村委会档案资料记载，富裕地村栽培花卉始于老公地。1996 年春，喀喇沁旗"科委"把捷怡公司的花卉制种项目介绍到老公地，只有 1 户村民进行试种。到

2006年，花卉种植普及到第一、第二、第三、第四村民小组，建有花卉种植大棚400多个，花卉种植面积达到300多亩，花卉品种达到几十个，是喀喇沁旗规模最大的花卉种子繁育基地。据老公地村民介绍，老公地自然村有2个村民小组，共95户，90%的人家都种花，不种花的只有6户。

种花一般要建大棚。建大棚的材料有塑料布、铅丝、支撑棚的弓子。弓子有木制、石棉制和钢管制三种。花棚有大有小，面积在0.3~0.8亩，其中五六分地的棚比较多。建1分地的大棚，需要1000元（2007年），建半亩地的大棚需要四五千元。

种花需要三种肥料，第一种是农家肥，例如猪粪、鸡粪、羊粪等，做底肥用。第二种是复合肥，需要从农资商店购买，有二铵。第三种是叶面肥。

使用的农药的种类比较多，主要是根据花株的病情来选择农药。

种花对水有特殊的要求，不能用河水，也不能被雨淋，只能用井水。因为河水和降水都有菌，容易导致花株得病，不利于花株的成长。在灌溉的时间上，也有特殊要求。灌溉的时间必须是早晚两个时间段。早晨是在上午10时以前，晚上是在下午5时以后。否则因为天气热，凉水会把花株激坏。

富裕地村种植的花卉有两类：一类是观赏花，具体品种有孔雀草、万寿菊、金鸣菊、波斯菊、石柱花、黑心菊、串红、串兰、牵牛花、三色锦、鸡冠花、美女英等，约有几十种。栽种观赏花不是直接卖花，而是收获花籽，然后出售花籽。另一类是食品工业生产用花，当地栽种过色素花，主要是为了从花朵中提炼色素。

种花的最大缺点是用工太多。6月初栽花，8月初开始给花授粉，到10月中旬才能完成收获。在这个时间段，每天上午6时多到晚上10时多，甚至到夜里12时多，或者在花棚授粉，或者在家剥离花籽。一个七八分地的大棚，在授粉季节，必须有2个劳动力。在用工最多的夏季，老公地的花棚雇工达到200人以上。栽种花卉的另一个缺点是随着栽种面积的扩大，花籽总产量的增加，花籽的销路减少。花籽营销商不能及时支付花农现金，有的营销商拖欠收购花籽现金达4年之久，严重挫伤了村民栽种花卉的积极性。2008年以来，栽种花卉的村民明显减少。2009年老公地栽种花卉的村民比最多时少了1/3。富裕地花籽中间商有6人，其中有4人是自种自销，仅代销自己亲属的花籽。另外2人除了自己大量种植外，也与种花的村民达成口头的种植和收购协议，春天提供栽种的花籽，秋天收购花籽，拿到城市市场上销售，然后再兑现收购花籽的资金。

种花的优点是单位面积收益高。1亩地的收益在万元左右。尤其是最初栽种花卉的几年，因为栽种的村民少，花籽的收购价格比较高，部分村民的确从栽种花卉中取得了明显的收益。

2. 蔬菜

老公地水浇地多，种菜的历史比较长。

计划经济时期主要是在小麦地茬上种大白菜，亩产三四千公斤，收获后按人口分给社员。社员把长成的大白菜放在地窖里储存，把没有长成的白菜像编辫子一样编起来，挂在树上或木架上晒干食用。

20世纪80年代以后，村民们栽种圆白菜、青椒、尖椒、茄子、豆角等当地常用菜，一方面到当地的集市上出售；另一方面卖给往北京、承德、沈阳等大城市运销蔬菜的菜贩子。

20世纪90年代以后，蔬菜的种类更加多样，销售方式也发生了很多变化。

2008年夏，笔者调查时，当地的蔬菜种类有豆角、甘蓝、角瓜、尖椒、青椒、春白菜、葱头、西红柿、茄子、葱、黄瓜、香菜、油菜、圆白菜等。

蔬菜的栽种方式有三种。

第一种是在大田栽种。

大田栽种是蔬菜栽种量最大的一种方式。

在大田栽种的蔬菜主要有葱头、圆白菜、豆角、甘蓝、葱、香菜、油菜、黄瓜等。这些蔬菜都是随节气栽种，栽种量大，为了降低成本，就栽种在大田。在大田栽种的蔬菜首先施用农家肥，菜长到一定程度施用化肥。最好的农家肥是羊粪，经常施用的化肥是尿素、二铵和碳酸氢铵等。

大田蔬菜以圆白菜、大白菜、葱头的栽种量最大。仅老公地，每年圆白菜的栽种量就在数十亩左右。中营、马场沟、王爷地都有栽种圆白菜的村民。村民喜欢栽种圆白菜的原因是成本低，用工少，省力，产量高，亩产在3000公斤以上。另外圆白菜收获后，还可以种植一季大白菜。圆白菜的市场价格如果在每公斤0.4元以上，栽种圆白菜每亩地的毛收入就在一千几百元以上。近几年，圆白菜的市场价格已经达到了每公斤0.6元以上。当地生产的圆白菜主要是外运销售，95%以上的圆白菜被运往沈阳、天津、济南、北京等地。圆白菜的销售价格极易受到销售地行情的影响，年际价格很不稳定，有的年份跌到几分钱一公斤，栽种圆白菜的村民损失惨重。

大田葱头的栽种量仅次于圆白菜，是最近几年村民喜欢栽种的一个蔬菜品种。栽种葱头用工少省力。产量在每亩3000公斤以上。市场价格比圆白菜高，每公斤最低在0.6元以上。2009年夏，葱头的市场价格达到了每公斤0.9元。葱头收获以后村民也可以再种植一季大白菜。栽种葱头的另一个优势是便于储存，一时卖不出去，也不会损坏。当地生产的葱头主要是外运，由蔬菜运销商运到赤峰、承德、北京、沈阳等城市批发销售。

大白菜是当地农村秋冬的传统菜，需求市场很大。大白菜属于晚季菜，每年的7月播种，等收割庄稼后，才收获。大白菜的成本更低，用工少于栽种圆白菜。因为是第二季播种，所以播种面积很大。2009年秋季，当地大白菜的价格在每公斤0.6元以上。能够播种两季，对于人均耕地面积只有一亩多地的老公地村民来说有很大的吸引力。

第二种是冷棚栽种。

栽种蔬菜的冷棚与栽培花卉的冷棚的制作方法是相同的。冷棚可以栽培花卉，也可以栽种蔬菜。

冷棚里栽种的蔬菜种类比较杂，有菠菜、芹菜、西红柿、青椒、尖椒、水萝卜、韭菜等。最近两年，老公地村民在冷棚栽种西红柿、青椒的数量比较大。

以前，老公地也栽种西红柿，都是当地品种，产量低，除了自食外，在当地的集市上销售一部分，收入几个零花钱。2007年上瓦房引进了西红柿的新品种，产量特别高，第一年试种收益也很好。生产方式是需要与蔬菜商签订生产和销售合同，喀喇沁旗的种苗公司供给西红柿秧苗，收获的西红柿，符合收购规格的，按照合同规定的价格销售

图 3-5 冷棚的支架

给合同方。这种西红柿亩产 5000 公斤。2008 年春，老公地村部分村民也签订了供销合同。第三组村民刘永理在自己 6 分地的冷棚里，栽种了该品种西红柿。从喀喇沁旗秧苗公司按照每株 0.6 元的价格购进了 1080 棵秧苗，技术规定每亩秧苗 1800 棵。西红柿长势喜人，柿秧非常高，果实累累。但是由于王爷府地区种植规模过大，西红柿供过于求，西红柿运销商对西红柿的选择特别苛刻，并压低了收购价格，使菜农受到很大损失。第一拨西红柿每公斤只有 0.4 元，采摘 50 公斤，按照运销商的标准只有 25 公斤入选。随着闻风而来的运销商增加，以及西红柿供给量的减少，西红柿的价格攀升到每公斤 2 元，但是西红柿的采摘已经接近尾声。刘永理的 6 分西红柿只收入了 2000 多元。

栽种青椒也是与有关公司签订供销合同。不是供给青椒，而是代育青椒种子。春天，公司把自己想要的青椒种子供给当地签订了合同的村民，村民在冷棚里按照公司的技术要求种植。到秋天，把青椒种子按照合同价格交给公司。

大棚栽种蔬菜比栽培花卉的技术要求低,在用水方面可以使用渠水,人力投入也比花卉栽培少。

第三种是暖棚栽种。

当地的季节耕作非常明显。政府为了让村民在冬季有工可做,并增加收入,在20世纪90年代中期,鼓励有条件的地区建暖棚。老公地在东大地建设了20多个暖棚。暖棚的面积有2分地的,有3分地的,也有半亩地的。暖棚后墙是主体墙,厚1米,高2.2米,暖棚里的地面比暖棚外的地面低50厘米左右。暖棚后墙高1米处设有通气孔。暖棚两侧的墙体建成半圆形。用铁管和钢筋制作成弓形支架,每90厘米设置一个弓子,弓子上覆盖塑料布,塑料布上覆盖能够卷起来的草帘子。太阳出来时,把草帘子卷起来,让太阳照射进来。在太阳落山前,把草帘子放下,以保证暖棚的温度。暖棚的温度约为25℃。

暖棚建成后,村民曾经在暖棚栽种反季节蔬菜,如西红柿、青椒、尖椒、韭菜、水萝卜、黄瓜等。这些蔬菜在当地是夏季产的蔬菜,冬季是吃不到的。在暖棚栽种这些蔬菜,冬季可以供给当地市场。由于成本高导致蔬菜的市场价格高,当地村民承受不了昂贵的反季节蔬菜,市场销量很有限。有的村民把暖棚改建成了冷棚,有的村民用暖棚育花苗和秧苗,只剩下少数几家村民继续在暖棚里种些生菜、油菜、水萝卜、香菜等,在市场上出售,尤其是赶在春节前销售。

大田和大棚里的蔬菜价格年际区别比较大。据村民介绍,2008年夏季的蔬菜价格是每公斤葱头0.6~0.7元,圆白菜0.1~0.16元,青椒1~1.2元,尖椒0.4~0.6元,西红柿0.6~1.2元。2009年夏季的蔬菜价格是每公斤圆白菜

1元,葱头1~1.2元;大棚里的西红柿价格每公斤曾经卖到3.6元,青椒1.4~1.6元,香菜价格在6元左右。大棚里的蔬菜比大田里的蔬菜早20~30天上市,所以价格比大田蔬菜价格稍微高一些。例如青椒,大棚的青椒比大田的早半个月采摘,每公斤价格要比大田青椒高0.2~0.4元,即使同时采摘,大棚的青椒也比大田的青椒贵一些,因为大棚的青椒个头大、光泽好。

除了直接种植蔬菜外,2009年,老公地村村民张凤祥与大连一家蔬菜公司签约,在老公地村为该公司培育西红柿种子。由公司提供西红柿种子,并派遣技术员进行技术指导,收获后的西红柿种子由该公司收购。张凤祥与愿意种植西红柿的村民达成口头协议。有四五户村民种植西红柿。该项目的收益也比较好。据种植该项目西红柿的村民计算,半亩地的西红柿纯收入在4500元左右。

3. 培育食用菌

发展食用菌产业是富裕地村村委会的一个产业发展思路。该项工作2006年开始启动。在村委会的大力支持下,

图3-6 滑子菇食用菌大棚

2006年全村建设了4个滑子菇大棚，2007年培育的滑子菇食用菌菌棒达到了5.9万棒。

三 农经日程安排

谷雨前六七天种大田，主要有谷子、玉米、高粱。过了谷雨种黄豆。立夏之前种油葵。谷雨后，栽种各种蔬菜。大富裕沟村比老公地村要早一周左右，7月收割小麦，上冻的时候收割玉米和谷子。

四 农业耕作方式

老公地的耕作方式已经发生了很大的变化。

计划经济时期，完全是传统的耕作方式。播种面积大的作物有玉米、谷子、黍子、土豆、黄豆、芸豆、小麦等。播种时，一头牛一副犁，一个土托子，一头驴或马配一对石磙子，一把点葫芦，一到二个粪簸箕；需要的人工有扶犁一人，点子一人，撒粪一二人，拉土托子一人，牵驴（马）一人，共四五人组成一组。耕作程序是首先犁地，播种紧随其后，其次在种子上撒粪，再次用土托子盖土，最后用石磙子压土保墒。一副牛犁每天播种10余亩。当禾苗长到10厘米左右，男性劳动力用大锄锄地，锄掉垄沟以外的杂草，松动禾苗边上的土，起到松土保墒的作用。女性劳动力用小锄松动玉米苗周围的土，并把玉米苗按照合适的株距间开，把多余的玉米苗拔掉。生产队组织女性劳动力和有劳动能力的孩子，拔草并按照合适的株距间禾苗，禾苗的株距在8~10厘米之间。当庄稼长到30厘米高以后，套牛犁或马犁犁地，一人扶犁，一人牵牛或马，在两个垄沟之间的垄背处下犁，犁起的土培在垄沟庄稼的根部，原来的垄沟因为培了土变高成了垄背，能够起到很好的抗旱作用。原来的垄背被犁铧划成垄沟，下雨或浇地时，水从垄沟流过，能够很好地滋润庄稼。到了秋季，玉米、谷子、黍子、黄豆、芸豆等全部用镰刀收割，晒干后，用马车运到生产队的场院。小麦是7月收割，不用镰刀，而是连根拔起，目的是方便在麦茬儿地再种大白菜。庄稼运走后，山地用犁，平地则雇用链轨拖拉机深翻地。把茬子和杂草及杂草籽翻到地里去，把地下的生土翻到上边，经过冬季和春季日晒，变成熟土，利于第二年播种。

据老公地村村民介绍，最近10年来，本村耕作方式发生了很大的变化，机播面积占总播种面积的60%以上，平地全部覆盖地膜。老公地杨建民家有一台播种机，中营张辉家也有一台播种机。春耕的时候，这些机器均出租。此外，其他村庄也有播种机，在春耕的时候也来本村机播。无论是外村的播种机还是本村的播种机，2008年的租用价格是一样的，都是播种1亩收费30元。雇主只需提供化肥、种子、除草剂、地膜。播种机播种时化肥和除草剂一并投放完成，同时覆盖地膜。雇主除了支出租用费外，既不用管饭，也不用提供燃油，非常方便、省心。在老公地村也有用犁播种的，个别户因为养了马或驴，用马或驴拉犁，其他人家即使用犁，也是用拖拉机带犁，牛退出了拉犁的行列。秋收时用拖拉机或者四轮车往家里运庄稼。全部使用拖拉机翻地。从玉米秸秆上掰下来的玉米棒子晒干后，用脱粒机脱粒。

由于村民养猪少了，有的人家没有猪，结果农家肥少了。没有农家肥的人家，在播种时使用长效碳酸氢铵，或者使用长效尿素。使用长效碳酸氢铵的，一般还要添加二铵。庄稼长到30厘米左右时，村民视情况还会在下雨前或浇地前，向

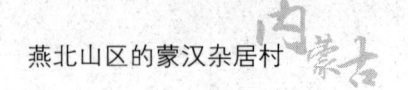

庄稼的根部追加尿素。总之，种地已经离不开化肥了。

五 地膜覆盖技术

使用地膜能够起到保墒抗旱的作用，显著地提高单位面积粮食产量。

20世纪80年代末，在政府政策引导下，富裕地村开始有农户在种地时使用地膜。1988年，覆盖地膜耕地只有20亩，地膜款项全部自筹。1989年，覆盖地膜的耕地面积增加到96.8亩，用地膜813公斤，农户购买地膜国家资助70%，农户仅承担30%的费用。因为效果显著，地膜覆盖面积逐渐扩大，到20世纪90年代，已经成倍增长。从村政府统计的数据可以看出这个变化（见表3-4）。

表3-4 1990~2000年富裕地村地膜覆盖耕地面积变动表

年份	1990	1991	1992	1993	1994	1995	1996	1997	1998	1999	2000
覆膜面积(亩)	51.7	430	308	466	609	1122	1711	1910	1975	2190	2065
覆膜户数(户)	—	—	—	—	—	343	415	315	415	418	—
覆膜玉米(亩)	—	—	—	—	—	830	1215	1200	1280	1240	—
覆膜经济作物(亩)	—	—	—	—	—	250	421	486	525	704	—
购地膜(公斤)	—	—	—	—	—	2580	4286	4350	—	6429	—

注：表中画横线部分表示无数据。

全村各个生产小组均采用了庄稼覆盖地膜技术，经济作物覆盖地膜主要集中在第一、第二、第三、第四和第八村民小组。

六 农具

（一）传统农具

传统农具用的少了，但是还没有完全退出农业生产。

图 3-7 覆地膜的玉米

2008年夏,笔者在大富裕沟李国平家看到一整套传统农具。李国平是富裕地行政村第六村民小组的组长,从前是生产队队长,担任组长已经20余年。李国平给我们的第一印象是精明干练,他家8分地的庭院,建有正房4间,门房9间,都是红砖构建。院子整齐干净,井然有序。家里饲养2头驴,套着一辆胶轮马车。李国平从不出外打工,在家里种地,两个儿子的耕地也全部由他耕种,共有22亩耕地,所以生产工具齐备。接受采访中,李国平不无自豪地说:"我这工具全,其他村民也来借用。"

笔者通过走访、观察了解到,村民们继续使用的传统农具有以下种类。

(1) 犁:有两种类型,一种是木制犁身,一种是铁制犁身,形状相同,犁铧都是生铁模具制作。春天播种和夏天耥地时使用。

(2) 石磙:把石头凿成椭圆形状,两头凿出小方孔安装轴承,然后做一个方木框或者方铁框套住,拉动方木框

图3-8 铁犁

或铁框，石磙就向前滚动。播种后，为了保墒，村民需要用石磙把垄沟压实。

图3-9 石磙

（3）镰刀：刀头钢制，长约10厘米，宽约3厘米，稍微带些弯曲。在刀头的右侧位置焊接上2厘米长的铁制套管，安装上 50 厘米左右长的木柄把，就成了收割庄稼的镰刀了。

图 3–10　木柄镰刀

（4）三股或四股铁叉：由铁叉头和 1 米左右长的木柄组成。铁叉头有两种：一种是用两根或三根细铁棍焊制的；另一种是用手指粗的铁管焊制的。装卸杂草、碎秸秆时，使用铁叉。

（5）二齿、三齿、九齿耙子：二、三齿耙子都是铁制耙头，安装木柄。耙头都是拇指粗、15 厘米左右长弯状的铁棍。九齿耙子的耙齿短，不超过 10 厘米，也是稍微带弯状，用于平整土地。

（6）碌碡：直径 50 厘米左右，长 1.3 米左右的石柱，用大石头凿成。碌碡有两个功用，一是平整土地时压碎土块；二是在场院打场时碾压谷穗、黍穗、荞麦、黄豆秸秆等，脱粒。

（7）铁锹：由铁锹头和铁锹把组成。铁锹把约有 1 米。铁锹有两种：一种是方头铁锹，主要用于装卸土、沙等碎状杂物；另一种是尖头铁锹，可以挖地，也可以装卸土、沙等碎状杂物。

（8）镐：由镐头和镐把组成。镐头是铁制，镐把是 1 米长、直径五六厘米的圆木，松土时使用。

图 3-11　木柄九齿耙子

图 3-12　碌碡

(9) 大锄：由 2 米左右的木柄和铁制锄头组成，待禾苗长到 10 厘米左右松土时使用，当地称"锄地"。

(10) 刮锄子：形状类似于大锄，但是比较短小，全长不超过五六十厘米，用于小作物的松土、铲除杂草。

图 3–13　木柄刮锄子

(11) 粪梭子：又称粪簸箕，有的用铁皮制作，有的用柳条编制，播种时向垄沟投放农家肥时使用。

图 3–14　粪梭子

(12) 耢：用粗约 10 厘米、长约 2 米的两根方木料和 10 厘米粗、1 米左右长的两根短木料，制作一个长方形木框，重量约有二三十公斤，如果重量不够就在其中的一根

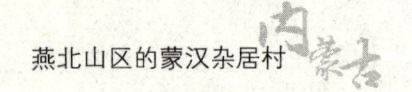

长木上再绑上一根木头,目的是保持重量。春天平整耕地时,拴上绳子,用牛在耕地上来回拉动,一方面能够打碎土块,另一方面具有耙平耕地的作用。

图 3-15 耢

（13）拨梭：由 60 厘米长、10 厘米见方的两块方木料钉成十字架状,再用柳条弯成弓形固定在十字架的一头,十字架的另一头拴上一条绳子,播种时,沿着施肥后的垄

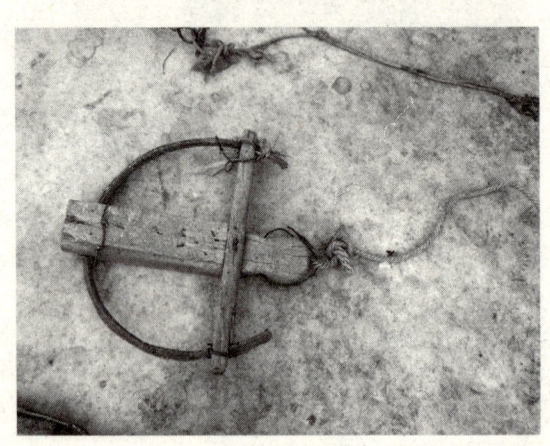

图 3-16 拨梭

沟拖动，在种子和肥料的上面掩一层土。

（二）农机

改革开放30年来，富裕地行政村的农业机械有了长足发展。1970年，全村只有两台8马力柴油机，用于抽水浇地。1973年，上级政府划拨了1台手扶拖拉机，当时交给大富裕沟沟里的第五生产小队使用，是富裕地生产大队唯一的1台手扶拖拉机。此时柴油机增加到了5台，都是用于农业灌溉。到1978年，富裕地生产大队购入28马力拖拉机1台，柴油机10台，电动机5台。

家庭联产承包责任制实施后，有条件的村民积极购置农业机械，使富裕地行政村的农业机械化有了很大的发展。据2009年年初统计，全村手扶拖拉机有110台，大中小型

图3-17　农用手扶拖拉机

四轮拖拉机有 18 台，三轮、五轮农用车有 68 台，播种机 3 台，为农业生产创造了良好条件，节约了大量的劳动力。

七 农业投入与产出

（一）农业投入

富裕地行政村各自然村的农业投入大同小异，投入的项目主要有购买种子、化肥、农药、地膜。水浇地还有灌溉用电支出。有的农户自己承包的耕地不够，再承租其他村民的耕地。由于村民没有记账习惯，关于农业生产成本，除了从商店购买的化肥、地膜等项目有比较准确的数字外，其他项目都是估算。

据 2008 年夏对大富裕沟的入户调查和对老公地的访谈，村民农业投入情况如下。

在老公地村，大田施洒二铵种庄稼每亩地需要 15 公斤，种菜每亩地需要 20 公斤，种葱头每亩地需要 25 公斤。2008 年二铵的价格是每公斤 6 元。尿素分两种，一种是长效尿素，每百公斤 240 元；另一种是庄稼长出以后追肥用的尿素，每百公斤 280 元。长效尿素每亩地需要 25 公斤，追肥用尿素每亩地需要 15 公斤。雇用播种机播种，每亩地需要 30 元。雇用拖拉机翻地，每亩地 30 元。雇用临时工 1 天工资 30 元，需要管吃住。雇人浇地每小时 18 元。农业用电每度 0.5 元。建 1 个大棚，每分地需要 1000 元；其中塑料布使用三四年，弓子和铁丝可以长期使用。大田葱头每亩地成本需要 400 元。租种能够种植经济作物的上等地，每亩租金 500 元；租种能够种大田的次等地，每亩租金 200～400 元，根据地的年平均产量确定租金。

据老公地村一位信息可靠村民介绍，2009年该村民种了2亩玉米，生产投入情况是：玉米种子3.5公斤，每公斤16元，共支出56元。地膜1捆铺1.8亩地，1捆5公斤，使用的是山东产的"无名牌"地膜，1捆58元。播种的时候使用了15公斤二铵，每公斤3元，共支出45元。播种时还使用了2袋碳铵，每袋37元，共支出74元。播种时使用除草剂1瓶，共10元。用自己的拖拉机播种，如果租用他人的播种机播种2亩地则需要50元。合计播种支出293元。2009年大旱，浇地共6次，每次需要3小时，使用的是自己的柴油机和水泵，如果租用他人的柴油机和水泵，每小时则需要20~25元，如果是大水泵租金25元，如果是小水泵租金20元。以20元计算，3小时60元，6次合计支出360元。到秋收时止，2亩地的玉米共投入生产资金是653元。就是说正常年景，如果不浇地，每亩地玉米的生产投入是150~200元。

大富裕沟村村民介绍当地的农业生产成本是：除草剂12元1瓶，5亩地需要2瓶；地膜1卷40元，5亩地需要4捆；5亩地需要4袋玉米种子，每袋55元；尿素120元1袋；二铵240元1袋。村民白永民估算，种植玉米每亩成本约300元。种植玉米都覆盖地膜，所以成本要高于谷子等其他作物。入户访谈过程中，村民白文学估算，农业成本平均200元左右；张金瑞估算平均300元左右。由于每户的经济状况不同，施用肥料的量会有差别，所以同样的作物生产成本也会存在区别。表3-5是根据2008年8月入户调查时村民提供的数字编辑而成的，每亩支出也只能提供一个参照数字。

表 3-5　2008 年大富裕沟村 21 户村民农业生产支出（估算）表

单位：亩，元

序号	户主	玉米	谷子	黍子	土豆	黄豆	向日葵	播种面积	农业支出	亩均支出
1	李青玉	6	2	1	0.2	1	1	11.2	2500	223.21
2	白俊青	5	6	0	0.5	0.8	0	12.3	2000	162.60
3	韩文忠	3.5	2	0	0	0.9	0.8	7.2	1000	138.89
4	赵祥	1	0	0	0.2	0.5	0	1.7	300	176.47
5	张振忠	3	2	0.5	1	1	0.7	8.2	1000	121.95
6	王国志	5	4	1	0.5	0	1	11.5	1500	130.43
7	王爱军	5	5	0	0.2	0	2	12.2	1600	131.15
8	白文学	2	1.9	0	0.5	0	0	4.4	600	136.36
9	白淑琴	2	2	0	0	1	0	5	700	140.00
10	王祥	4	1	0	0.1	0.5	0.4	6	1300	216.67
11	白文玉	3	3	1	0	0	0	7	1000	142.88
12	白永民	6	5	0	0.5	0.6	0.5	12.6	2000	158.73
13	宋占清	8	6	1	0.2	0	1	16.2	3700	228.40
14	孟显林	3	1.5	0.5	0	0.2	0.5	5.7	1300	228.07
15	魏凤霞	5	3.6	0	0	0	0.4	9	2000	222.22
16	赵友	8	4	0	0.1	0	1	13.1	2000	152.67
17	吴奎	4	4	1	0	0	0.5	9.5	1500	157.89
18	吴晓宇	2	2	0	0	0	0	4	1000	250.00
19	白云奎	6	6	1	0.4	0.8	0.6	14.8	2800	189.20
20	张悦	5	2.5	0	0.2	0	0	7.7	1500	194.80
21	孙文祥	4.5	5	0	0	0	0.5	10	2140	214.00

（二）农业产出

富裕地村的耕地由水浇地和旱地组成，旱地又由平地和山坡地组成。不同类型的耕地，产出不同。

1. 粮食作物的产出

老公地村：玉米亩产650～750公斤，谷子亩产350～400公斤。

大富裕沟村：玉米亩产500公斤，谷子亩产200公斤，黍子亩产50公斤，土豆亩产1000公斤，向日葵亩产25公斤，黄豆亩产140公斤。

2. 蔬菜

老公地村种植蔬菜比较多，大田蔬菜，由于土壤的质量有差别，产量也就有差别。据村民介绍，当地蔬菜的产量大体情况是：圆白菜亩产2500～5000公斤，葱头亩产4000～6500公斤，大白菜亩产3500～4000公斤，西红柿（新品种）亩产4000～5000公斤，青椒亩产3000～4000公斤，尖椒亩产3000～4000公斤，豆角亩产3000公斤左右。

3. 花籽

不同的花卉，种子的产量不同。色素万寿菊亩产20公斤左右，三色锦亩产10公斤左右，牵牛花亩产5公斤左右，大田鸡冠花亩产15公斤左右，大棚鸡冠花亩产18公斤左右，大田串红亩产2公斤左右，皇帝菊（高秧）亩产10公斤左右，皇帝菊（矮秧）亩产5公斤左右，小梨花亩产2.5公斤左右。

4. 退耕还林补偿款

每亩地补偿160元。

5. 种植粮食补贴

2005年开始发放，每亩地补贴70～80元。

八 土地承包方式变革

富裕地村从1980年土地承包到小组，即每个生产队的社员，自愿组成多个小组，按照小组的人数承包耕地，当时称为"作业组"。1981年依然是承包到作业组。从1982年开始承包到户。1988年,做了一次承包土地调整,主要是有的户数新增加了人口,有的户数减少了人口。1990年做了一次大调整,把耕地分为口粮田、机动田、费用田、双营田（见表3-6）。1996年年末,又做了一次调整。

表3-6　1982~1994年富裕地村各组口粮田面积表

单位：亩

组别	一组	二组	三组	四组	五组	六组	七组	八组	九组	十组	全村
1982	329	250	213	551	295	255	255	397	267	298	3110
1991	237	155	199	345	147	206	85	281	288	220	2163
1992	237	155	199	345	147	206	85	281	288	220	2163
1993	237	155	199	345	147	206	85	281	288	220	2163
1994	237	155	199	345	147	206	85	281	288	220	2163

除了口粮田外,各生产小组还有机动田、双营田、费用田、承包田,详见表3-7。

表3-7　富裕地村各组机动田、双营田、费用田、承包田面积表

单位：亩

组别	一组	二组	三组	四组	五组	六组	七组	八组	九组	十组	全村
机动田	—	—	—	—	4	—	—	—	—	36	40
双营田	—	—	—	—	53	37	57	—	57	71	275
费用田	40	27	28	27	26	21	47	38	30	35	319
承包田	108	75	86	66	—	—	—	137	—	—	472

关于土地承包的方法,富裕地村普遍的做法是,根据计划经济时期历年不同地块的收成情况,把耕地产量按照承包前3年的平均产量进行测算,在此基础上分成一、二、三等。为了不让承包人吃亏,估产普遍低于实际产量。估产后,耕地实际上已经换算成了粮食产量,然后按照人均

粮食产量分配应该承包的耕地数量。承包耕地时,各个家庭可以选择耕地的等级。选择高等级的耕地,因为单位面积粮食产量高,分配的耕地数量就少;选择低等级的耕地,因为单位面积粮食产量低,分配的耕地数量就多。选择耕地的方法是农村常用的抓阄方式。具体做法是把估产后的地的级别和地理位置写在纸上,团成一团,各户派代表抓阄。抓到一级地,就按照家庭人口应该享受的口粮的数量,从一级地范围内分配相应的亩数。在具体丈量耕地的时候,还有先后顺序,也采取抓阄的方法解决。

据原生产队长于申介绍,老公地村原来是富裕沟生产大队第二生产小队,1979年把第二生产小队分成了第二生产小队和第三生产小队。1980年第三生产小队组织了2个生产小组,一个是烤烟生产小组,由王秉功负责,另一个是油葵种植小组,由杨兴负责。生产队的社员都自愿加入这两个小组。1981年实行土地承包到户,比其他生产小队晚了一年。土地承包到户的方法是把土地按照产量评级,有一级地、二级地、三级地,承包的名称是"口粮田"。亩产225公斤以上的为一级地,亩产180公斤以上的为二级地,亩产100公斤以下的为三级地。人均口粮为220公斤。每户三种土地均要承包一部分。从1981年到1996年,老公地村承包口粮田的办法是三年一小变,六年一大变。由于婚丧嫁娶以及添丁,每户的人口可能会有变化,根据人口增加和减少的情况,每三年抽多补少。每六年重新分配一次口粮田。1997年国家规定土地承包30年不变的政策,每一户都发放了由喀喇沁旗人民政府监制的《喀喇沁旗农村集体土地承包合同》,由富裕地村村委会和承包土地的村民签订承包合同。其中富裕地村村委会是土地发包方(甲方），村民是土地承包方（乙方）。合同的具体内容有八项，第一项明确了承包土地的面积、地点、等级。第二项约定了土地承包的期限是28年，即从1997年12月31日开始到2025年12月31日止。第三项规定了甲方的权利和义务，共八款，分别是：（1）对村集体土地行使发包权和监督权；（2）有权收回乙方不按合同约定经营使用的承包地；（3）有权向乙方收取三项提留和乡五项统筹，安排使用义务工和劳动积累工；（4）有权为改善农业生产条件，开展农田水利基本建设等规模性土地治理，积极支持农户在承包地上搞永久性建设；（5）有权推行科技兴农，推广《中华人民共和国农业技术推广法》；（6）维护乙方的经营自主权和合法权益；（7）根据集体经济实力，为乙方提供生产经营服务；（8）按政策规定，合理使用乙方上缴的各项费用和"两工"，定期向乙方公布财务收支和"两工"的使用情况。第四项规定了乙方的权利和义务，共六款，分别是：（1）在合同约定的范围内，对承包土地享有生产经营权；（2）在承包期内，有依法转包、转让和继承的权利；（3）遵守集体规定的土地利用规划和管理制度，不得出卖、损坏、弃耕或擅自改变土地的农业用途；（4）积极支持甲方为改善农业生产条件，开展农田水利基本建设等规模性土地治理，增加对承包土地的投入，培肥地力，改善生态环境；（5）积极贯彻执行《中华人民共和国农业技术推广法》，实行科技兴农，增加科技对农业的贡献率；（6）在承包期，要承担村三项提留乡五项统筹和义务工、劳动积累工，承担费用、劳务一年一定，以另行签订的《农民负担监督卡》为准。第五项规定了违约责任，有三款，分别是：（1）除合同约定和国家政策允许外，未经双方协商同意，任何一方不得变更或解除合同,如有违约,由违约一方承担经济责任;(2)乙方不按时交提留统筹费,不承担义务工和劳动积累工,应按银行贷款利率向甲方计交拖欠数额的滞纳金,两年不交或拒交,甲方有权解除合同,收回乙方承包土地;(3)乙方阻碍改善农业生产条件、干扰或破坏农田水利基本建设等规模性土地治理,甲方有权收回乙方承包土地。第六项规定了其他事项,具体有:(1)国家或经批准的单位征用乙方的土地时,甲方须从集体预留机动地中承包给乙方相应等级的承包地或采取其他方式予以相应补偿;(2)甲乙双方因不可抗力造成合同无法履行的可以变更或解除合同;(3)承包期内,合同如有未尽事宜,应由甲乙双方共同协商,作出补充,补充规定与本合同具有同等效力;(4)本合同中提及的《农民负担监督卡》与本合同具有同等效力。第七项规定了合同纠

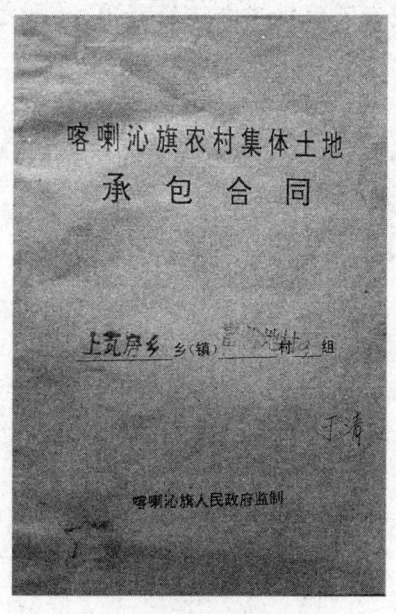

图 3-18 土地承包合同

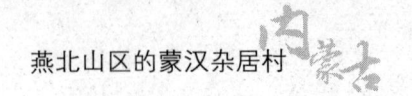

纷的解决方式。第八项规定了合同一式三份，甲乙双方各一份，乡镇农业经营管理站一份，并规定合同自甲乙双方签字盖章之日起生效。合同的签订日期是1997年12月31日。

九 庭院种植

由于建房的时间不一样，庭院的面积不等。有的是1946年、1947年土地改革时分到的房子，宅基地的面积就比较大，有1亩多的庭院。有的是20世纪五六十年代盖的房子，宅基地面积也比较大，有七八分地的庭院。随着人口增加，人均土地面积减少，20世纪70年代以后，土地主管部门统一了宅基地审批规格，新批准的宅基地统一为4分地，庭院面积大大缩小。面积宽敞的庭院，主人一般会设计出一块地作为菜园。

庭院种植除了取决于庭院的面积外，还取决于水源。方便灌溉的庭院，一般有庭院种植。随着外出务工的兴起，村民的庭院种植又增加了一个是否常年在外打工的因素。夫妻常年在外打工的人家，庭院则没有种植作物。

2008年夏，笔者在大富裕沟村调查了80户，庭院种植情况见表3-8。

表3-8 大富裕沟村庭院种植统计表

单位：亩

序号	户主	庭院面积	种植种类	灌溉	原因
1	李青玉	0.7	无	自来水	无水源
2	白俊青	0.8	茄子、黄瓜、西红柿、白菜	井水	—
3	王廷	0.5	无	自来水	打工，无人经营

续表

序号	户 主	庭院面积	种植种类	灌 溉	原 因
4	韩文忠	0.6	无	自来水	无水源
5	湛宝玉	0.4	无	自来水	面积小、无水源
6	曹凤瑞	0.4	无	自来水	面积小、无水源
7	王宗义	0.5	无	自来水	面积小、无水源
8	赵 祥	0.5	无	自来水	面积小、无水源
9	张振忠	0.4	黄瓜、茄子	井 水	—
10	张金瑞	0.6	生菜、黄瓜、茄子	压水井	—
11	王国志	0.8	无	自来水	无水源
12	王爱军	0.7	观赏花	自来水	无水源
13	白文学	0.8	无	自来水	无水源
14	王 伟	0.4	无	自来水	面积小、无水源
15	白淑琴	0.4	无	自来水	面积小、无水源
16	王 祥	0.4	无	井 水	面积小
17	白文玉	0.5	黄瓜、西红柿	自来水	—
18	白永民	0.4	无	井 水	面积小
19	宋占清	0.5	无	—	无力经营
20	白玉龙	0.4	无	—	全家在外打工

续表

序号	户主	庭院面积	种植种类	灌溉	原因
21	孟显林	0.7	豆角、黄瓜、西红柿、茄子、白菜、土豆、香菜、辣椒、葱	压水井	—
22	魏凤霞	1.0	西红柿、葱、生菜、茄子	压水井	—
23	赵 友	1.0	无	压水井	在外打工
24	吴 奎	0.4	无	压水井	面积小

  大富裕沟村水源匮乏，制约了庭院种植业。老公地村地下水资源丰富，家家户户都在庭院种植些作物。多数人家种植韭菜、葱等常用菜。

  无论是大富裕沟村，还是老公地村，即使有庭院种植也没有发展成庭院经济，仅仅是简单的小规模的蔬菜种植，目的是家庭自用方便。

图 3-19 庭院里的菜圃

第二节 养殖业

一 基本情况

养猪主要是春节自食。养鸡，主要是自食鸡蛋，有富余鸡蛋时，偶尔出售。到了冬天，把公鸡和不下蛋的母鸡杀掉几只食用，多余的也出售。

计划经济时期和刚刚实行家庭联产承包责任制时期，养羊的比较多。每个生产队至少都有一群羊，约有五六十只。富裕的生产队有两三群羊。专门有羊倌放牧。每群羊1个羊倌。除了集体养的羊外，社员个人也有自留畜，也饲养绵羊和山羊。据统计资料记载，1967年富裕沟生产大队自留畜有绵羊420只、山羊134只；1976年，绵羊剩309只，山羊剩19只。到1978年，绵羊只剩59只，山羊只剩4只。20年的时间，羊的数量锐减。1984年，实行家庭联产承包责任制，集体财产都作价分到各户，羊也分了。这样每户大约有几只羊。经过几年发展，有的把羊卖了，有的把羊杀了，有的增殖到一群。到了退耕还林政策实行以后，政府不允许放牧，圈养的成本过高，养羊户就更少了。

马、牛、驴、骡曾经是农业生产和交通动力，在20世纪90年代以前，各村普遍饲养。每个生产队都有一群牛。生产队养牛主要是春耕时耙地、耕地，夏锄时耥地，秋收时翻地，当做动力工具用。马、驴、骡也做上述农活使用，但是更多地用做拉车。随着大量的蔬菜、花卉、药材等经济作物的种植，以及拖拉机等小型动力机器的普及，马、牛、驴、骡等已经很稀少了。调查中，碰到几户养牛的，仅仅圈

图 3-20 圈养牛

养了几头牛,主要是出售,成为家庭收入的一个来源。

很少有养狗的。调查中,碰到几户养狗的,养的是宠物狗,不是传统的看家狗。有不少人家会养猫,主要是防鼠。养兔的也很少,个别养兔的住户,是当做副业收入。养鸭、鹅的也少,一些家庭嫌这两种动物太脏,满院子到处拉屎。养鱼的只有中营有一处鱼塘,位于锡伯河边,计划经济时期曾经养过鱼。其他人家均不养鱼,从集市上购买冻鱼或鲜鱼食用。

富裕地村第五、第六、第七村民小组地处大富裕沟自然村,共计80户,表3-9是笔者2008年8月对三个组调查的统计表,可以反映2008年大富裕沟自然村养殖情况。富裕地村村委会很好地保存了1949年以来的数据资料,表3-10是根据村委会的档案资料和笔者2009年对富裕地村防疫员采访编制的1961~2000年及2009年的牲畜情况表,表中缺1979年和2001~2008年的数字。2009年的数字仅统计了牛和羊,因为马、驴、骡除了大富裕沟自然村外,其他村很少饲养,例如老公地自然村,只有一户饲养了1匹马和1头驴,故没有进行统计。

表3-9 2008年大富裕沟村(五、六、七组)家畜家禽养殖情况表

单位:头,只

家畜家禽	马	牛	羊	骡	驴	猪	鸡	鸭	鹅	狗	猫	兔
户数(户)	2	8	2	7	15	25	51	10	5	27	35	2
总数	2	23	4	8	20	51	535	48	29	30	58	60
户均	1	2.9	2	1.1	1.3	2.0	10.5	4.8	5.8	1.1	1.7	30

表3-10 富裕地村1961~2000年及2009年牲畜数量变动表

单位:头,只

年份	牲畜总数	大畜合计	牛	马	驴	骡	小畜合计	绵羊	山羊
1961	1419	325	185	20	116	4	1094	889	205
1962	1625	351	207	22	118	4	1274	1215	259
1963	1912	372	210	26	130	6	1540	1193	347
1964	2147	375	196	28	144	7	1772	1370	402
1965	1741	391	191	33	154	13	1350	1008	342
1966	1676	380	176	32	156	17	1296	983	313
1967	1702	360	175	31	139	15	1342	978	364
1968	1638	350	177	34	121	18	1288	974	374
1969	1685	335	180	39	98	18	1350	1008	342
1970	1745	315	171	38	86	20	1430	1094	380
1971	1540	318	184	40	73	21	1222	926	296
1972	1479	328	188	39	78	23	1151	919	232
1973	1552	312	184	34	67	27	1240	1058	182
1974	1605	321	180	41	68	32	1284	1095	189
1975	1567	325	180	41	71	33	1242	1065	177
1976	1351	272	161	34	45	32	1079	945	134

续表

年份	牲畜总数	大畜合计	牛	马	驴	骡	小畜合计	绵羊	山羊
1977	1094	246	159	31	21	35	848	730	118
1978	1234	248	164	29	20	35	986	859	127
1980	1161	217	147	33	3	34	944	859	85
1981	1251	206	150	22	2	32	1045	979	66
1982	—	144	102	21	0	21	—	—	50
1983	948	188	141	31	1	15	760	717	43
1984	1092	192	140	36	1	15	900	850	50
1985	1130	137	104	20	0	13	993	943	50
1986	1242	177	134	30	0	13	1065	1005	60
1987	1315	199	168	20	1	10	1116	1035	81
1988	1311	199	165	23	1	10	1112	867	245
1989	1220	156	125	14	3	14	1064	881	183
1990	908	158	126	14	5	13	750	691	59
1991	536	118	86	14	6	12	418	417	1
1992	477	121	88	8	11	14	356	347	9
1993	510	133	103	7	9	14	377	358	19
1994	594	144	117	5	9	13	450	435	15
1995	564	153	119	7	13	14	411	393	18
1996	955	159	134	7	9	9	796	574	222
1997	981	145	115	7	12	11	836	660	176
1998	958	160	130	6	12	12	798	621	177
1999	937	152	121	11	5	15	785	642	143
2000	726	146	119	14	4	9	580	528	52
2009	—	—	119				—	250	—

二 养羊

大富裕沟村多山，尤其是大富裕沟沟里的第七村民小组，人均可用做放牧的荒山比沟外的第五村民小组和第六村民小组多很多。在"退耕还林、退耕还草"政策实施以前，大富裕沟饲养的绵羊数量非常多。绵羊的种类主要是细毛羊。饲养细毛羊有三个好处。其一是能够剪羊毛，出售羊毛。五月，当地的天气转热，需要用剪子剪掉羊毛。其二是能够收获羊羔。其三是收获羊肉。实施"退耕还林、退耕还草"政策以后，王爷府镇政府设立了专门的执法机构和工作人员。周围的山都属于林场的，山上的树木也属于林场。林场在当地雇用了护林员，每个月由林场直接发给补贴。护林员也是落实"退耕还林、退耕还草"政策的信息员，有责任上报违反政策的情况。村民如果在山上放牧牛羊，执法人员就会把牛羊赶到镇政府圈起来。如果圈起来的牛羊发生损失，后果由违反政策的村民自负。第七村民小组的白永民饲养了一群绵羊，是家里的重要收入来源。禁牧政策颁布后，放牧担惊受怕，又没有能力圈养，2005年把羊全部出售。其他村民与白永民一样，把羊全部处理。笔者2008年夏天入村调查时，大富裕沟80户村民只有2户村民养了4只山羊。饲养方式是，夏天用绳子拴住，在河滩或地边吃草；冬天圈养在圈里。

中营村养羊的数量相对较多。据2009年年初调查，中营村有4群羊，阎、宫、孟三户，每户20多只羊，林家有60多只羊。20多只羊一年能够产30多只羊羔，到秋天，羊羔就长成大羊，2008年秋季的羊价是活羊每公斤12元，体重在30~40公斤，能卖四五百元。如果是种羊就贵一些，能够卖到1000元。饲养20多只羊的规模，每年毛收入1万多元。饲养方式是每年的12月上冻以后,到第二年的3月春暖花开前,除了在秋收后的耕地放牧外,回到家还要喂玉米秸秆,并补充玉米面等粮食做成的饲料。夏秋季节,一般在河滩杨树林、耕地边角的荒地上放牧。偶尔也进山放牧。老公地对面的南山是生产大队和生产小队所属的山,实行家庭联产承包责任制以后,生产小队所属的山,被划成小块,按照人头承包到户,村民均在自己承包的山上栽种了落叶松和黑松,已经长到碗口粗。生产大队所属的山也栽了很多的松树,2007年被村委会作价卖给了几个村民。锡伯河北面的山属于中营所有。大富裕沟沟里的山属于林场,老公地村的山属于集体。山的属性不同,看护的程度不同。老公地村的山没有护林员看护,禁牧程度要比大富裕沟村宽松一些,只要不被王爷府镇的禁牧执法工作人员抓住,还能够到山上放牧,本村村民碍于面子和情谊,加上山是大家的,也没有人过问。

2010年2月8日,笔者采访村防疫员,据其介绍,富裕地村基础母羊的数量约250只,具体情况如表3-11所示。

表3-11 2009年年底富裕地村基础母羊数量表

单位:只

自然村	户主名	基础母羊的数量
大富裕沟	白永民	14
	董 珍	17
	周金瑞	17
	王艳红	12
马场沟	刘永和	20
	刘 信	23
	唐子青	8

续表

自然村	户主名	基础母羊的数量
老公地	安 青	5
	腾百林	5
	阎双庆	12
	林永刚	23
	宫建国	18
	宫建祥	12
王爷地	辛世明	15
	李荣义	14
	郑 昆	14
	于 然	8
	张凤奎	6
小富裕沟	国 祥	7
合 计	19 户	250

三 养牛

富裕地村防疫员辛世明介绍，据其统计并上报的材料，富裕地行政村2009年秋季有178头牛。牛的品种有西门达尔、夏洛来和本地土牛。本地土牛又称"柴牛"，数量已经很少。养殖最多的是改良牛，以西门达尔为主。西门达尔有黑白花和红白花两种，本地主要饲养西门达尔黑白花。

饲养方式是舍饲。秋、冬、春三季主要喂食玉米秸秆。把玉米秸秆用铡草机粉碎，每天定时定量喂食。在夏季则到野外割青草和蒿子饲牛。

富裕地村基础母牛情况如表3-12所示。

表 3-12 2009 年富裕地村基础母牛情况表

单位：头

自然村	户主名	基础母牛的数量
大富裕沟	董 武	3
	吴 奎	2
	张 悦	1
	张金瑞	3
	宋占清	2
	白文玉	3
	白俊青	1
	王国志	3
	张振忠	2
马场沟	鲁 义	2
	李牧安	4
	张喜全	2
	李 忠	1
	唐建华	6
	李俊山	1
	刘 艳	6
	李世杰	1
	李艳军	1
	刘 瑞	2
	李海军	4
	吕青玉	2
老公地	杨 星	3
	王 玉	6
	庞树刚	2
	王秉义	2

第三章 经济发展

续表

自然村	户主名	基础母牛的数量
老公地	赵福国	2
	吴　勇	3
	王力军	1
	张　忠	1
王爷地	于　然	3
	林永才	2
	张伟生	1
	张云龙	2
	张凤奎	1
小富裕沟	国　祥	2
	韩　信	3
	鲍世廷	1
	王　奎	2
	吕金龙	5
	汪显庆	2
	晏显祥	2
	吕振冬	2
	马世俊	2
	陈　有	1
	张志有	
	陈　信	1
	陈久双	1
	韩　青	2
中营村	张北峰	2
	甘振忠	6
	井玉芳	2
合　计	51 户	119

四　养猪

村民被束缚在耕地上，生产方式是单一的粮食生产时期，村民有余粮但是没有余钱，所以家家户户都圈养一两口猪，目的是在春节前杀猪，准备春节的肉食，不用到集市上买肉。通过杀猪，为自家提供一年的食用油。

自从兴起到外地打工和种植经济作物后，村民养猪的积极性不如以前了。有的村民全家都出去打工，到年底时才回来，没有养猪的条件，有的村民忙于种植经济作物，无暇顾及养猪。加上集市密度增加，以及附近的商店有冰柜，存储有猪肉、鸡肉等，能够随时通过集市和商店购买到冻肉，所以养猪户就少了很多。最近3年，粮食价格上涨，猪崽价格上涨，养猪不划算也是村民放弃养猪的重要原因。据第六村民小组组长介绍，2007年从集市上购买了两口猪崽，花了1140元，喂养头一年，吃掉自家产的玉米800公斤，玉米的市场价格当时涨到了每公斤1.24元，折算成人民币约1000元。此外还有猪的防疫以及生病用药等，每口猪也在百元左右。2008年把两口大猪卖给了猪贩子，共得3400元。收支核算，每口猪也就赚个五六百元。小规模养猪卖，是非常不划算的，所以很多农户，宁可买肉吃也不养猪了。之所以有的农户还养猪，是因为种地需要肥料，加上家里有不能出去打工和到地里从事农活的人。

据2008年夏季对大富裕沟村调查，大富裕沟沟里的第七村民小组共有19户，有8户养猪，养猪户占该组总户数的42%。第五村民小组和第六村民小组共有61户人家，养猪户只有15户，养猪户占两组总户数的24.6%。

为了降低市场猪崽价格，保护村民养猪的积极性，当地政府也采取了鼓励养母猪的政策。养1口母猪，政府1年补贴100元。同时鼓励养母猪的村民为母猪入保险。保险费共计60元，由养母猪户承担6元，政府承担54元。如果75公斤以上的母猪因为传染病死亡，保险公司给付1000元的赔偿金。

在各家各户养猪大大减少的情况下，个别村民感觉到其中的商机，尝试着开办了小规模的养猪场，成为养猪专业户。在富裕地行政村，养猪大户一共有6家，老公地有杨建民和王立新、王立峰兄弟，马场沟有李刚，小富裕沟村有马凤鸣、汪显志、张志刚。2009年初，笔者对杨建民进行了专门采访。

老公地村的杨建民，家有4人，夫妻和2个儿子。长子读初中，次子还没有上学。杨建民不到40岁，头脑灵活，从事多种经营。除了和其他村民一样，养花出售花籽外，还购买了四轮拖拉机，春天为村民种地，秋天为村民翻地，收取佣金。2007年冬，购买19口猪崽，开始规模养猪。建了50平方米左右的猪棚，学习了猪饲料配制方法。猪食有两种，一种是猪饲料，另一种是玉米面。玉米是自己承包的耕地上生产的。猪饲料有两种，一种是购买浓缩饲料，然后按照比例配玉米面。另一种名"预混料"，购买以后，按照比例配豆饼、麦麸、糠等。养猪最多时达到了五六十口。全部工作由夫妻二人承担。据说两个劳动力能够饲养几百口猪。

养猪的成本主要有四部分，一是一次性购买猪崽的投入和建设猪棚；二是需要不断购买猪饲料；三是定期进行猪的防疫；四是人工。猪饲料的价格很不稳定，豆饼的价格最高时曾经涨到每吨4000元。猪的防疫靠自己打针。防疫站按季度到村里给猪打防疫针，防疫五号病、口蹄疫和猪丹毒等。防疫站工作人员打防疫针，按针的数量收费。村民为了节省费用，就自己买疫苗给猪注射。

子猪的市场价格也很不稳定，2007年冬，市场子猪每公斤24元，2008年秋市场子猪每公斤14元，2009年1月市场子猪价格又恢复到每公斤20元。养肥猪的成本在1000元左右。秋天购买架子猪，每公斤10元左右，一个多月育成肥猪，在125公斤左右，出售肥猪每公斤14~18元，这样，每口肥猪能够赚1000元左右。养肥猪不如养母猪挣钱。1头母猪成本2000元左右。有人从北京向当地贩母猪，从北京贩来的母猪价格在1800元左右，从锦山镇贩来的母猪1600元左右。母猪一年能够产2~3窝猪崽。1窝猪崽最少能够产六七口小猪，多的时候，能够产十五六口猪崽。平均算起来，每窝能够产10口猪崽。一般情况下，猪崽需要养到10~15公斤出栏。按照均价，每公斤20元，1口小猪能够卖到二三百元。为了节省养母猪的成本，一般不购买大母猪，而是从自己的猪场里选择好的小母猪，慢慢培养。

老公地村的王立新、王立峰兄弟，于2009年春季开始投资建设猪舍，并购买母猪，从事养猪事业。王氏兄弟投资规模比较大，据介绍，到2010年年初，已经投资15万元。从北京买了11口母猪，每口母猪约75公斤，价格1600元，还买了1口公猪。

当地猪的品种有杜洛克、大白猪和长白猪。杜洛克是瘦肉型猪。养殖量最大的是大白猪和长白猪。

五 养鸡

养鸡是当地传统的副业。从前家家户户都养鸡。最近10来年,由于部分村民全家出外打工,以及不断闹鸡瘟,导致部分村民不再养鸡。但是与其他家畜家禽比较,养鸡仍然是村民比较普遍的习惯。据2008年夏季对大富裕沟村的调查统计,全村80户中,有51户养鸡,数量从几只到二三十只不等。大鸡与雏鸡合计,共养鸡500余只。

富裕地行政村共有2户专业养鸡户,分别是老公地村的靳树军和小富裕沟的曹振海。曹振海的养鸡场规模比较大,有1000余只鸡。

2009年1月,笔者专访了老公地村的靳树军。

据靳树军自述,家有3人,夫妻和孩子。家里只有2亩耕地,种玉米,另外建了一个花棚,种花,出售花籽。以前曾经在基建工地打工,因为自己没有技术,只能做小工。工作累,挣钱少,所以不愿意出外打工。建大棚养花后,家里也离不开人,所以就筹划着养鸡。2004年购买了500只子鸡,每只子鸡2.3~2.4元,饲养效果非常好。2005年,筹集七八千元资金建了鸡舍。鸡舍建在自己家的院子里,砖瓦结构,外形类似人们居住的房子,内部是一排排的鸡笼。鸡舍和子鸡都是自己个人的投入,当地政府没有资助。相邻的旺业店镇政府对村民办养鸡场有比较大的支持,养1000只鸡的给400元的补助,多养再增加补助。

现在靳树军的养鸡场大约有2000只蛋鸡。高峰期,日产蛋量在130公斤,每天的利润在百元左右。

市场每公斤鸡蛋售价6元,有固定的经销商往北京运销鸡蛋。向北京贩卖鸡蛋的车很多，不是一个人经营，所以没有签订合同。鸡蛋贩运商人的收购价格一样，因为附近办养鸡场的村民互相都熟悉，经常电话联系互相了解价格，所以贩运商不敢进行价格欺诈，否则就收不到鸡蛋。

蛋鸡产蛋周期一年。不产蛋的鸡就得退下来，育成肉鸡出售，市场价格每公斤6元。退下不产蛋的鸡后，需要重新购买子鸡，或者孵育子鸡。自己孵育子鸡需要4个月。

鸡粪也能够出售，是种菜的好肥料。当地有很多村民种菜，以每立方米60元的价格买走。

养鸡成本除了建鸡舍、一次性购买子鸡和人工外，最大支出就是鸡饲料。2000多只鸡，每天需要鸡饲料85公斤，2009年年初每公斤鸡饲料的价格是3.10元。此外每天还要添加70多公斤玉米。比例是50公斤饲料掺进100公斤玉米。总计2000多只鸡每天需要近250公斤食物。另外鸡舍内需要开电灯，一日需要17个小时的光照，安装有控制器自动调节鸡舍内的照明。冬天鸡舍内也非常暖和。

六　疾病防治

当地防治家畜家禽的机构有王爷府镇防疫站和富裕地村防疫员。

富裕地行政村的防疫员叫辛世明，做这项工作已经20余年。从前是富裕地行政村支付劳务费，从2007年开始，由王爷府镇政府支付工资。因为是兼职工作，由富裕地行政村支付劳务费时，每年只有几百元，最低的年份是每年

120元,最高的年份是每年500元。2007年转由政府开支,每年2400元。

据辛世明介绍,富裕地村的家畜家禽疾病种类如下。

鸡的疾病有鸡瘟、霍乱两种。鸡瘟是病毒性疾病,霍乱是病菌性疾病。

牛的疾病有瘤胃鼓胀、瘤胃积食、产后胎衣不下、感冒等,本地的牛没有传染病。

羊的疾病有肺炎、羔羊痢疾、肠炎、产后感染等。

猪的疾病有猪丹毒、猪肺疫、感冒、肠炎、蓝耳病、黄白痢、窝子病、软骨病、不孕症、消化不良、产后厌食等。其中肠炎是常见病,子猪容易患黄白痢疾。

喀喇沁旗和王爷府镇对防疫工作抓得非常紧,要求对禽流感、五号病（口蹄疫）进行100%的防疫注射,其他疾病不低于80%的防疫注射。禽流感和五号病的防疫是免费的。五号病、禽流感、猪瘟、鸡瘟、猪蓝耳病都是一年打两次防疫针,猪丹毒、猪肺疫和牛羊猪布氏杆菌病都是一年一次注射防疫针。

防疫工作做得非常到位,但是目前检疫工作薄弱,以至于有的农户的猪得病后,为了减少损失,把病猪偷偷地卖给猪贩子。

全村有2名兽医,一位是曾经在乡防疫站工作多年的赵俊,已经退休,在王爷地村靠近路边租赁了两间平房,开设了兽用药店,因为年纪大,腿脚不灵便,仅仅出售兽用药物,或者根据村民对家畜病状的描述,给其配制兽药,不到村民家里出诊。辛世明家里也备有兽药,为前来问诊购药的村民提供咨询并售药,在病因不清的情况下,也到村民家里出诊看病。

第三节　商业

富裕地行政村所在地区市场比较发达，村民的商品经济意识比较强，表现为商品交流的集市密集，小商店密度比较大，此外还有走村串户的行商。三种形式的商业渠道，构成了比较发达的市场。

一　小卖店

据知情村民统计，到2009年年底，富裕地村小卖店有7家。

从前老公地村有2家经过工商局注册的商店，一家是赵志成的小卖店；另一家是孟彩玉的小卖店。孟彩玉搬迁到锦山镇后，房子和商店一起卖给了本村的孙瑞廷。孙瑞廷出外打工，小卖店暂时关门。张凤龙开设小卖店后，赵志成感到老公地市场有限，到五家经营电器，把自己小卖店的商品转卖给了张凤龙。到笔者调查时止，老公地有2家经营商店，分别是高日旭和张凤龙。

高日旭家的商店开办于2003年，张凤龙家的商店开办于2005年。据笔者观察，高日旭家小卖店商品种类和数量均少，不常开放。张凤龙家的小卖店的商品种类和数量较多，晚上能够开放到八九点钟。张凤龙的小卖店在老公地村的核心位置，临近村路边，商品以烟、酒、食品为主。香烟的牌子有"黄山"、"红河"、"七匹狼"、"红塔山"等4种，价格都在5～7元之间。白酒有"裕井烧坊"，赤峰产，8元1瓶；"蒙粮液"，宁城产，12元1瓶；"马奶酒"，宁城产，4瓶一盒，每盒30元；"纯粮酒"，巴彦敦尔盟河套酒厂产，6元1瓶；"宁城老窖3年"，宁城酒厂产，15元1瓶。饮料有"冰红茶"、"非常可乐"、"娃哈哈"、"杏仁露"。方便面有"味之家"、"北大荒"等品牌，都是1元1袋。其他商品有油、盐、酱、醋、蛋糕、点心、牛奶等，都是当地农村的生活必需品。

锦山、赤峰等地的批发商专门送货上门。某种商品售完，给熟悉的批发商一打电话，就有配货车将相应货品送到商店，非常便利。

王爷地村是富裕地村村委会所在地，是富裕地行政村核心区域，交通便利，有4家小卖店，其中2家是曾经在供销合作社工作过的职员开的；另外两家是王爷地村村民李国良和李永利开设的，已经开设了三四年。

魏喜龙是供销合作社的老职员，退休后，在大富裕沟沟口与赤承公路交会的路边建了3间砖房，开了家商店，已经有10多年的时间。

旧的富裕地供销合作社地处富裕地行政村的核心地段王爷地，是20世纪70年代中期盖的5间宽敞的砖瓦房，房子后面是5亩地的庭院，庭院北侧和东侧都是平房，是合作社的仓库。20世纪80年代末，在王爷地供销合作社负责的李宝三，因为供销合作社管理体制转制，买断工龄后，筹资买下了供销合作社的所有财产，继续经营。这家商店是富裕地村规模最大的商店。2009年正月初六，笔者专门来到该商店参观采访。该商店商品种类比较齐全，有食品类、五金电料类、服装类、生活用具类等。食品类有白酒、啤酒、奶酒、饮料、罐头、糕点、盐、味精等。服装类主要是适合农村的各种胶鞋、布鞋，以及制作棉被用的棉花等。生活用具类有各种炊具、凳子、水壶、脸盆、拖布、扫帚、皮革、暖壶、锅盖等。五金电料类有不同型号的螺丝、锁具、油漆、插板、电线、插头、开关、铁钳等。

图 3-21 王爷地商店一角

大富裕沟村有一家简陋的小卖店。据笔者观察，该商店仅销售村民常用的几种商品，香烟有 5 种、白酒有 2 种、啤酒有 1 种，此外还有盐、醋和几样糕点。因为缺少资金，无法扩大规模。

二 集市

据村民介绍，在民国时期，富裕地村的周围就存在集市贸易。"文化大革命"时期，取消了集市贸易，购买商品和出售土特产品都经过供销合作社。全公社（当时是那尔村公社现在是王爷府镇）每年在秋季组织一次物资交流会，地点在公社所在地，即现在的王爷府。当时村民都被组织在各个生产队，生产和生活都高度依赖生产队，加上多次"割资本主义尾巴"，村民个人也没有什么物资可以交流。

改革开放后，当地恢复了集市。富裕地村没有设集市。

在富裕地村周围20公里的范围内，即村民在一天的时间里能够往返的范围内，当地村民经常参加的集市有4个，分别是上瓦房农村贸易市场、王爷府农村贸易市场、五家农村贸易市场、旺业店农村贸易市场。4个农村贸易市场距离富裕地村村委会所在地（王爷地）都不远，到上瓦房8公里，到王爷府10公里，到五家12公里，到旺业店20公里。各个集市的具体时间见表3-13。村民采购物品主要到就近的上瓦房集市和五家集市，出售物品主要是五家集市和旺业店集市。其他集市，村民去的较少。

表3-13 富裕地村贸易圈中的集市（2008年）

集市地点	上瓦房	王爷府	五家	旺业店	大西沟
集市时间	每月农历逢四和九的日子。包括初四、十四、二十四，初九、十九、二十九,共6天。	每月农历逢一、四、七的日子。包括初一、十一、二十一，初四、十四、二十四，初七、十七、二十七,共9天。	每月农历逢二、七的日子。包括初二、十二、二十二，初七、十七、二十七,共6天。	每月农历逢三、六、九的日子。包括初三、十三、二十三，初六、十六、二十六,初九、十九、二十九,共9天。	每月农历逢三、八的日子。包括初三、十三、二十三,初八、十八、二十八,共6天。

从表3-13可以看出，一个月中，每10天中有8天有集市贸易。

集市上交流的商品比较丰富，有当地生产的各种产品，有满足当地生产生活需要的从外地运来的各种商品。

当地生产的产品有：从山上采集的小灰蘑、松蘑、榛蘑、肉蘑、草蘑等各种蘑菇，以及榛子、蕨菜等；承包田里生产的青椒、尖椒、茄子、土豆、黄瓜、韭菜、圆白菜、大白菜、芹菜、豆角、角瓜、倭瓜、西红柿、香菜、大蒜、葱头、葱等蔬菜，以及小米、玉米、黄豆、黄米、芸豆等粮食；家庭养殖的鸡、鸭、鹅、家兔、猪崽、牛、驴、马等动物，以及鸡蛋、鸭蛋、鹅蛋和猪肉、牛肉、羊肉等。春天还出售各种蔬菜的秧苗。

从外地运来的满足当地生产生活需要的商品有：烟、酒、糖、茶、调味品，锅、碗、瓢、盆、筷子，衣、帽、鞋、袜，各种布料，等等。冬天，一些商人也会从城市蔬菜批发市场批发新鲜反季节蔬菜到集市上出售，还有鲤鱼、青鱼、带鱼、虾等各种冷冻后的海产品。2008年夏，笔者经过王爷府农村集贸市场时，有意识地拍摄了一些照片，从中可以了解一些农村集市的信息。

三　行商

走村串户收购或出售物品的有本村村民，也有外村村民。因为没有固定的时间，也没有固定的地点，也不是稳定的人群，所以难以统计具体的人数。据村民介绍，走村串户的行商由三种类型的商人组成。

第一类，收购本村的土特产到外地销售。本村的山上盛产各种蘑菇。尤其是大富裕沟村的山上，因为松树多，松蘑、草蘑、榛蘑等，在雨水丰沛的年头，产量也很大。采集蘑菇出售，是当地村民的一项重要的副业。据村民介绍，2007年山上的蘑菇特别多，沟里张姓村民全家上山采集蘑菇，当年出售蘑菇收入6000多元；2008年蘑菇少，到8月仅收入了五六百元。村民出售蘑菇有两种方式：一种是晒干后出售；另一种是采集来的鲜蘑直接出售。肉蘑晒干后出售每公斤价格在五六十元左右，新鲜的肉蘑每公斤10~18

元。有的收购商骑着摩托车，车后座两面各挎一个方形柳条编织的篓子，带着杆秤，在山下或者村头等候。上午10时左右，采集蘑菇的村民从山上一下来，就直接出售，现金交易。收购商收到蘑菇后，或者再加工，或者转手卖给其他大的收购点。大富裕沟的年轻村民白玉虎，29岁，头脑灵活，买了一辆商业三轮车经商，夫妻俩到各村收购小鸡和蘑菇，然后运到锦山或者赤峰出售，2007年收入2万元，到2008年8月笔者调查时已经收入了万元。

第二类，销售自产的产品。中营村和王爷地村各有一户村民制作新鲜豆腐，在各村销售。还有人在家里烹制油条，装在食品箱里走村串户销售。自产的香瓜、园子里的家杏收获后，村民也运到各村零售。秋天老公地村、王爷地村的村民把自产的大白菜、芹菜等，用马车或者四轮车运到大富裕沟村、小富裕沟村以及临近的黑山沟、樱桃沟、白太沟、屯土沟等不产蔬菜的山村出售。冬天有村民把秋天采集的新鲜的山楂制作成糖葫芦，沿村叫卖。

第三类，从外地贩运本地需要的商品走村串户销售。一年四季，有人用四轮汽车或三轮农业汽车运来大米白面，串各村换取粮食，或者现金买卖。2010年2月7日，笔者在马场沟村走访从事贩运米面的王金学。王金学于1995年前后开始从事该项工作，至今已经10多年。据介绍，从前马场沟贩运米面的有六七个人，现在只剩下他自己。从粮店买来米面，也买方便面、挂面、油、盐、酱、醋等日常生活用品，到各村换玉米、谷子。该项工作存在的困难是村民赊账的比较多，秋后给粮食或现金，但是有的村民到了秋天也还不上粮食和现金，赊欠2年多，仍然收不上账来。偶尔也有串村销售煤气罐、猪崽以及生活用具的。

第四节　其他产业

一　餐饮

富裕地村的餐饮业是非常滞后的,只有马场沟村村民在本村开了2家饭店。饭店的名称分别是刘丽饭店和大华快餐店。两个饭店均位于赤(峰)承(德)公路与马场沟的交会处,在公路边马场沟沟口。

刘丽饭店开业于2008年春,老板刘金龙40多岁,马场沟村村民。饭店是庭院的门房,系两层楼,一楼为三大间,每间房屋的使用面积约18平方米,最东边的一间为居住使用,中间的一间为厨房,最西边的一大间为餐厅。餐厅摆放了两张圆桌和三张条桌,能够同时接待30人用餐。饭店在业务旺季雇用1名厨师和1名服务员,厨师工资为每月1600元,免费吃住;服务员每月600元,免费吃住。老板夫妻每天在饭店帮忙。饭菜是当地风味的家常饭菜。饭菜原料全部从当地购买。2009年8月、2010年2月,笔者曾经两次在刘丽饭店就餐。刘丽饭店的基本菜单如表3-14所示,从中可以了解当地一般饭馆饭菜的风味。

表3-14　刘丽饭店部分菜谱及价格(2009年)

单位:元

菜　名	价　格	菜　名	价　格
麻婆豆腐	14	熘腰花	26
酱茄子	12	辣子鸡丁	18
羊杂(小盆)	26	熘肥肠	22
爆炒羊杂	28	孜然羊肉	32
辣子肺丝	22	鱼香肉片	20

续表

菜　名	价　格	菜　名	价　格
肉煎土豆片	12	尖椒肉片	10
葱爆羊肉	24	烧茄子	10
大蒜烧肚条	26	麻辣豆腐	10
尖椒豆片肉	10	烧豆角	12
蒜薹肉	14	香菇油菜	12
酱大骨头	30	尖椒炒鸡蛋	10
锅包肉	23	熘肚片	30
五花肉炸腰花	26	净炒肉	25

饭店兼售白酒和啤酒，白酒有"宁城老窖"（赤峰宁城产）、"河套老窖"（河套酒厂产）、"老泥窖"、"银蟠龙"（喀喇沁旗乃林产）、"郎酒"（四川产）、"老白干"、"老村长"（黑龙江产）、"裕井烧坊"（赤峰产）、"纯粮酒"（河套老窖酒厂产）等，啤酒有赤峰产的燕京啤酒，全部属于中下等价位的酒。

据老板介绍，房子是2001年建的，2层楼5间房，当时投资10万元，开饭店投入约3万元，2009年每天毛收入400~600元。

另一家大华快餐店，店主魏大华，是近两年来到马场沟村的村民。该饭店于2009年春开业。

二　机动车修理

富裕地村机动车修理部有3家半，分别位于王爷地村、马场沟村、老公地村，均在公路边。之所以说是3家半，是因为其中有一家的业务工作时断时续，有时候出外打工，就关闭店门，如果不出外打工，就营业，称为"半家"。

老公地村的机动车修理部位于赶牛道沟沟口与赤承公路的交会处,在公路北侧。店主于清,50多岁,于2001年开业。修理部的工作项目有补轮胎,电焊,修理柴油机、农业生产工具、电机、水泵等。

马场沟村的修理部位于马场沟口与赤承公路的交会处。店主王金祥,约45岁,利用宅基地靠近路边处的门房开办了修理部,主要是给来往的车辆补胎,同时也修理本村的农业生产生活工具。

王爷地邓殿富曾经从事机动车修理多年,但是规模不大,有时外出务工,就暂停业务。另一家修理部是刘发开的,常年营业,规模较大,业务项目有补轮胎,电焊,焊制钢窗,修理柴油机、农业生产工具、电机、水泵,兼营机动车配件。

三 客运业

随着出行人数的增加,客运业应运而生。据知情村民统计,富裕地村跑客运业务的有10多人,其中老公地村有4辆车,都是松花江和哈飞民意面包车,能够乘坐7人;小富裕沟村6辆车,其中松花江5辆、夏利2辆(有一家有2辆车,人多时开松花江车,人少时开夏利车)。大大方便了村民的出行。

第五节 务工

一 本村务工

富裕地行政村村内的务工主要集中在老公地村。其他村在春种秋收时，也有季节性的雇佣关系。此外村民建筑房屋，也全部以承包或者雇工形式完成。

老公地村是花卉种子培育基地。培育花卉种子单位面积投入的劳动力非常多。六七分地的大棚，从8月初开始授粉，到10月初全部结束，有两个月的时间，劳动时间长，劳动强度大，只有1个劳动力的家庭，就必须再雇用1个劳动力。

老公地村雇工的形式有三种，分别是短工、季节工和长期工。

每年夏季花卉开始授粉的两个多月是雇工最多的时期，雇工人数总量在200人以上。花棚最多的于姓村民，2008年夏雇工20多人，往年雇工曾经达到50多人，同时长期雇用1人。一高姓村民也是当地种花大户，雇工人数比较多，并长期雇用1人。

临时雇用工人按天计酬。最近几年雇工工资一直是每天30元，管吃住。长期雇用是管吃住，每月工资800元。拖欠工资现象非常少。

各个村在春耕和秋收季节，因为用车、用播种机，或者租用他人的畜力等，也必须雇工。此时的雇工是同工具一起租用和雇用。雇用播种机每亩30元，包括机器的费用和人工费用。用车每趟20元，也是包括租用车的费用和雇用司机的费用。

建筑房屋都是采取包工的形式。在2003年前后，从打地基开始一直到封顶时止，建3间砖瓦房，需要支付包工队3000元，同时需要每天中午管一顿饭。房屋的内装修大都是自己做。自己装修的时候，也要雇用师傅或小工。自己装修需要管三顿饭，同时按照当地基建的市场价格支付工资。

在本村务工的人员主要是本村的村民和临近村的村民。从事花卉栽培的务工人员都是女性，其中以中年以下女性居多。从事春耕和秋收以及建筑工作的大都是男性。

二 外出务工

据对大富裕沟村和老公地村的调查，各个自然村都有外出务工人员，其中大富裕沟村有83人在本村以外地区打工（见表3-15）。

表3-15 大富裕沟村外出务工人员情况表（2008年调查）

序号	姓名	性别	年龄（岁）	受教育程度	打工地点	工种	待遇
1	李峰	男	31	2年	不详	力工	不详
2	韩瑞德	男	41	初中	赤峰	经商	不详
3	窦丽洁	女	39	初中	赤峰	经商	不详
4	白树岭	男	30	初中	沈阳	厨师	不详
5	刘亚男	女	26	初中	沈阳	面案	不详
6	王永利	男	24	小学	浙江	力工	不详
7	王永新	男	20	小学	浙江	力工	不详
8	韩瑞祥	男	36	中专	王爷地	医生	不详
9	马红霞	女	34	初中	王爷地	卖药	不详
10	湛宝玉	男	42	小学	赤峰	力工	不详
11	曹凤瑞	男	44	初中	赤峰	力工	2000元/月
12	张玉红	女	44	小学	赤峰	零工	1000元/月
13	曹雪峰	男	20	初中	上海	力工	2000元/月
14	张志强	男	29	初中	不详	瓦匠	不详
15	白文学	男	55	小学	山东	瓦匠	70元/日
16	白玉虎	男	29	小学	当地	经商	2万元/年
17	王伟	男	33	小学	北京	厨师	5000元/月

续表

序号	姓名	性别	年龄（岁）	受教育程度	打工地点	工种	待遇
18	王永强	男	32	初中	不详	力工	不详
19	白文玉	男	43	小学	本地	装卸工	不详
20	白玉龙	男	32	初中	赤峰	木匠	4000元/月
21	邢满艳	女	33	高中	赤峰	力工	不详
22	孟显林	男	43	小学	廊坊	力工	不详
23	周子杰	男	20	高中	廊坊	电工	不详
24	赵友	男	48	高中	不详	瓦匠	不详
25	赵明旭	男	22	小学	河北容城	力工	4000元/年
26	赵明洋	男	19	小学	鞍山	力工	11000元/年
27	吴晓宇	男	37	小学	本地	力工	50元/天
28	鲁文宏	女	31	小学	王爷地	大棚务农	30元/天
29	吴晓英	男	39	初中	廊坊等	力工	不详
30	朱殿奎	男	41	小学	本地	卖砖	2万元/年
31	吴信	男	48	高中	不详	力工	不详
32	吴艳春	男	26	初中	不详	力工	不详
33	魏志国	男	41	初中	鞍山	力工	不详
34	魏佳文	男	21	初中	鞍山	力工	不详
35	白云奎	男	54	小学	不详	力工	不详
36	白音乌力格	男	24	初中	成都	保安	2500元/月
37	张金龙	男	30	初中	不详	瓦匠	不详
38	乌兰	女	26	初中	天津	电子厂	不详
39	宋明超	男	35	小学	廊坊	力工	不详
40	王晓梅	女	35	初中	本地收费站	厨师	700元/月
41	李永刚	男	38	小学	廊坊等	塔吊指挥	2000元/月
42	马桂琴	女	38	小学	廊坊等	力工	1000元/月
43	李永强	男	34	小学	不详	电工	2000元/月
44	董斌	男	52	文盲	不详	力工	不详

续表

序号	姓名	性别	年龄（岁）	受教育程度	打工地点	工种	待遇
45	邱学东	男	45	小学	不详	力工	不详
46	邱志远	男	20	小学	不详	力工	不详
47	邱静娟	女	17	小学	河北容城	服装厂	不详
48	张东旭	男	32	初中	不详	技术工	3000元/月
49	吴文进	男	54	高中	不详	力工	不详
50	吴云鹏	男	27	初中	不详	力工	不详
51	张某	女	25	—	本地	零工	不详
52	吴军	男	48	小学	不详	力工	7000元/年
53	吴利利	男	24	小学	不详	力工	没有挣到
54	吴顺利	男	20	小学	不详	力工	没有挣到
55	张文才	男	41	初中	天津	包工头	7万~8万元/年
56	吴瑞兰	女	41	小学	天津	厨师	不详
57	张永玲	男	21	小学	天津	力工	不详
58	董文	男	50	小学	不详	力工	不详
59	李国忠	男	35	初中	不详	力工	不详
60	李国祥	男	49	小学	不详	力工	不详
61	朱殿刚	男	33	小学	玉田	包工头	3万~5万元/年
62	吴占生	男	43	初中	锦山铜矿	砖厂	不详
63	曲文忠	男	62	小学	锦山樱桃沟	养牛	不详
64	董福	男	44	小学	不详	力工	不详
65	董新丰	男	20	初中	不详	力工	不详
66	李国瑞	男	46	小学	不详	力工	不详
67	张东辉	男	26	初中	本地	经商	不详
68	董武	男	46	小学	赤峰等	力工	不详
69	董海波	男	25	小学	不详	力工	不详
70	魏志强	男	36	小学	河北容城	服装厂	不详

续表

序号	姓 名	性别	年龄(岁)	受教育程度	打工地点	工 种	待 遇
71	赵 才	男	46	小学	不 详	力 工	不 详
72	黄金才	男	32	小学	不 详	力 工	不 详
73	白向东	男	31	小学	河 北	砖 厂	不 详
74	白向峰	男	28	高中	唐 山	预 算	3000元/月
75	张建明	男	40	初中	北京、集宁	司 机	3000元/月
76	张树勋	男	19	高中	集 宁	开翻斗车	3000元/月
77	吴凤岭	男	55	初中	不 详	木 匠	1万元/年
78	吴海军	男	30	小学	木 工	木 工	不 详
79	王 瑞	男	46	初中	本 地	瓦 匠	不 详
80	王海龙	男	34	初中	不 详	力 工	不 详
81	王 鹏	男	36	高中	北 京	开 车	3000元/月
82	王 林	男	41	高中	上瓦房	放 牛	3000元/年
83	黄金有	男	35	小学	不 详	力 工	1万元/年

大富裕沟村民总数267人，其中正在读书和尚未读书的学生和儿童48人，男性60岁以上和女性55岁以上的村民共计50人，未读书的18岁以上男性60岁以下女性55岁以下的村民169人。从表3-15可以看出外出务工83人，占有劳动能力人数的48.11%。

外出务工的范围比较广，有上海、成都这样距家比较远的南方城市，但更多的是距家较近的北方城市，如容城、廊坊、天津、鞍山、赤峰等。工种以力工为多数，其次是从事瓦匠、电工、预算、厨师、司机等技术性工作的，再次是从事基建工地包工、保安公司管理等基层管理人员。从务工待遇看，务工的收入有很大差别，有的务工人员每年年终都能够带回一笔收入，有的务工人员年终空手而归。

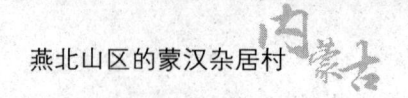

有的务工人员一年换几个地方，不仅挣不到钱，还浪费路费。

据 2009 年年初统计，老公地村共 335 人，在本村以外工作人员 63 人，占本村人数的 18.8%。其中在锦山及当地有稳定工作的 10 人，在上海、北京经商 10 人，在当地自开商店 7 人。其他人均为短期工，有瓦匠 3 人、电工 1 人、安装工 1 人、司机 1 人、保安 1 人、开装载机 3 人、厨师 1 人、打更 2 人、澡堂服务 2 人、力工 17 人、包工头 1 人、开饭店 2 人、清洁工 1 人。

第四章 社会生活

第一节 婚姻

一 婚姻类型

历史上,富裕地村的婚姻种类有三类:嫁娶婚、童养媳婚、招赘婚。新中国成立后,童养媳婚消失了,招赘婚也少见,绝大多数的婚姻类型是嫁娶婚。大多数婚姻收取彩礼,但无买卖婚姻。招赘婚主要在三种情况下存在,第一种是家里只有女儿,没有儿子,招赘养老,当地称"招养老姑爷";第二种是姑娘相中了小伙子,但是小伙子家居深山沟,交通不便,生产生活环境不好,就以招赘的名义来到女方家;第三种是家里的男孩子多,经济困难,没有钱娶媳妇,被其他地区的女方家招赘。老公地村这三种情况都存在。最近10年间,招赘到本村的有4户,其中两户是家中无子,招赘养老;另两户是家中虽然有子,但是男方家的生产生活环境不如老公地村,以招赘的方式来到老公地村。有一户人家有两个儿子,其中长子在外打工时谈了对象,被女方家招婚留在了外地。

二 婚姻习俗

（一）旧式婚俗

新中国成立前，当地结婚的形式有介绍婚姻、近亲结婚等。当时由于受封建礼教的束缚，男女双方不可能谈恋爱，主要是通过男女双方介绍人的介绍，双方相中后方可成婚。在贫困的山沟，由于经济困难，娶不起媳妇，亲戚之间出于同情，有近亲结婚现象。

婚嫁程序：

1. 相亲

首先男女方看人，人相互看中，女方的老人及女方在媒人的带领下到男方相门户。门户相中后，男女双方互换纪念品。然后女方家再向男方家提出定亲和结婚用的大四合、小四合、彩礼、衣服等，由介绍人带着女方家开出的条件亲自到男方家协商。男方家同意后就筹备订婚。

2. 订婚

由男方选择订婚的良辰吉日。先由女方家到男方家订婚。男方向女方家送了小四合后，再到女方家订婚。双方通过订婚，即成为亲家。从此两家开始友好，互通往来。

3. 结婚

男方择吉日迎娶。由于当时条件很差，男方到女方家接亲或是女方送亲都用胶轮马车。禁忌使用骡子拉车，因骡子不繁育后代。女方陪送的嫁妆，要找机灵细心的人，用挑筐挑着送到男方家中。男方得知送亲车即将到达时，派人接鞭、接挑，并将女方家陪嫁的物品安全放到新房中。新媳妇下车前，男方家要给新媳妇配压腰钱。然后新郎将新媳妇背回房中。吉时到来，开始典礼、拜堂、拜天地。拜完后，夫妻双方入洞房。介绍人向支客（代东）介绍送亲的人数、辈分，开始安排饭桌，入席。每张桌6人，男方家最少要有两人陪新亲（女方家来男方家送亲的客人）说话、饮酒。由于当时生活困难，每张桌的标准是四盘四碗。席散后，新亲返回自己家。隔日女方家派辈分较大的亲属到男方家"开乡"。席间满酒时，女方长辈要给新郎喜钱。次日新郎新娘一同回女方家，当地习俗称为"回门"。

旧时习俗称为四大件的物品是：挂钟、手表、缝纫机、自行车。房中摆设以红木柜、挂镜、箱子为主。

（二）新式婚俗

随着时代的发展，生产生活的变化，婚俗也发生了很大的变化。当男女青年到了要结婚的年龄时，父母就会托可信的亲属、朋友充当媒人，物色双方都觉得合适的男青年或女青年。当双方的目标基本确定后，媒人就带着女方及女方的重要亲属到男方家中相亲。女方要求男方的基本条件是家庭经济基础好，最好能熟练掌握一门技术，能够勤劳持家。具备这些条件即可订婚。

最近二十来年，女方向男方提出的结婚物质条件，具体有新砖瓦房四间、摩托车、金项链、金耳环、衣服等。有的女方父母还提出彩礼条件，一般在1000元到10000元左右。多数女方父母不提彩礼条件，由男方父母主动赠与彩礼。由男方父母主动赠与的彩礼一般也都在1000元以上。旧式婚俗是定亲一段时间之后再举行结婚仪式。现在大多数人家是定亲和结婚仪式合并举行，也可以说取消了定亲仪式。当男女方青年感觉合适，交往一段时间后，就直接举行结婚仪式。

现在结婚，女方送亲的习俗少见了，男方娶亲的习俗多起来了。首先是男方选择良辰吉日，由介绍人将吉日送到女方家中，女方无意见后，男方派介绍人和新郎一起到女方家中下大礼。到了吉日，男方同介绍人一起，用轿车到女方家接亲。女方的亲属一般组成20多人的送亲队伍，陪同娶亲的人去送亲。男方家里要贴喜联、喜字。当娶亲的队伍到家门口时，要燃放鞭炮、敲锣、打鼓、吹喇叭，"喜先生"念喜，增加热闹和吉祥的气氛。新郎穿西装系领带，新娘穿婚纱。由婚姻主持人主持结婚仪式。整个结婚程序都要录像，事后刻成光盘留作纪念。仪式后，新郎新娘共入洞房。亲朋好友来贺喜的，都由"支客"安排到酒桌，俗称"喝喜酒"。新娘在男方家住满7天，女方家派人到新郎家，把新娘接回娘家居住，住满8天后，再回新郎家中。

三　择偶标准

新中国成立前，男女青年择偶大多数都由父母包办，自由恋爱的很少。个别配偶存在男女年龄悬殊现象，有男方比女方大10多岁的，也有女方比男方大10多岁的，丑俊不等。

新中国成立后至"文化大革命"期间，男女青年择偶，都由介绍人（媒人）介绍。相亲时男女青年都参加，如果双方满意就换物品作为纪念品。男女双方都同意，即可成婚。"文化大革命"时期，男女择偶存在的特殊情况是家庭阶级成分起作用。贫下中农的孩子一般不与"地、富、反、坏、右"的孩子成婚。富裕家庭的女孩一般不与穷困家庭的男孩成婚，即使男女青年双方都愿意，也会遭到女孩父母的阻止。

改革开放后,村民择偶标准发生了很大变化。家庭的阶级成分已经不起作用,家庭的经济条件也淡化了。主要标准是年龄相当,相貌般配,能勤劳致富,撑起门户。为使后代健康,三代以内直系血亲和旁系血亲不能结婚,麻风病人不能结婚。择偶的地域范围不分省内省外,不分农村城市,也没有了户口限制,城镇户口和农村户口的男女结婚的也多了。

择偶的方式也发生了很大变化,从前多是由媒人介绍,现在是自由恋爱的多了。

四 结婚年龄

新中国成立前,年仅13岁就有结婚的。

新中国《婚姻法》规定,男满20周岁,女满18周岁方可结婚。新修订的《婚姻法》规定,男22周岁,女20周岁方可结婚。少数民族男20周岁,女18周岁就可以结婚。

在一段时间内,计算结婚年龄的方法是,7月1日前出生的,虚岁减1岁为周岁,7月1日后出生的,虚岁减2岁为周岁。现在执行的是到生日即为周岁,满相应的周岁就符合法律规定,即可登记结婚。

五 离婚与再婚

富裕地村离婚现象极少。个别夫妻,由于男方赌博输钱,不好好过日子,导致离婚;也有因夫妻双方感情不和导致离婚的。总的来说离婚现象极少。离婚少的主要原因是认为离婚不光彩,会引发许多家庭问题,影响亲属关系,更重要的是担心离婚对子女的成长有伤害,所以尽量不离婚。

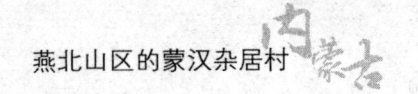

男女双方丧偶或离婚的，大多数又成婚。再婚后的家庭比较和睦，能够比较周到地赡养老人和抚养孩子。

六 通婚范围

富裕地村村民通婚基本的范围是以本村为中心，方圆约30公里。改革开放后，随着外出务工的兴起，该村也出现了跨省范围的婚姻。在打工的过程中，恋爱结婚的多是跨省婚姻，有四川、辽宁、浙江的女孩嫁到本村，但是数量非常少。2010年年初，笔者利用返乡探亲的机会，调查了老公地村40余对夫妻的配偶籍贯，大部分籍贯在王爷府镇和相邻的美林镇。有1人被招婿到河北沧州，有1人籍贯为河北承德地区。富裕地行政村范围内通婚的有3对。

第二节 家庭

一 家庭类型

20世纪70年代前的家庭，人口比较多。当时富裕地村最大的一户，家庭人口达到13人，五世同堂。尽管家庭人口多，但是当家的只有一人，决定一家的生产生活等事务。

现在的家庭大多数都在三四口人左右。孩子长大结婚后，大多数都分家单过日子。也就是父母单过，儿子和儿媳单过。2008年笔者全面调查了老公地自然村和大富裕沟自然村的家庭人口情况。两个自然村的家庭构成情况大同小异。以老公地村的情况为例，情况是：老公地村由村民小组第二组和第三组组成,总户数96户,总人口335人。1口人的家庭共计8户,其中光棍汉5户,老年丧偶者2户,父母双亡的年轻人尚未娶妻者1户。2口人家庭共有18户。2口人的家庭大部分是夫妻二人组成的家庭,其中50岁以上的老夫妻组成的家庭16户;2008年刚结婚的1户;另一户是儿子没有娶上媳妇和老父亲一起生活的家庭。3口人的家庭22户。3口人的家庭构成有两种情况,一种是长子或长女结婚,家里剩下夫妻和1个子女;另一种是夫妻两个只要了1个孩子。4口人的家庭共计24户,有2户是老夫妻和长子与长孙组成的家庭;有3户是小夫妻与老父亲或老母亲及自己的孩子组成的家庭;有1户是老夫妻和小夫妻组成的家庭,其他均是由夫妻和2个孩子组成的家庭。5口人的家庭共计17户,由老夫妻、小夫妻和孙子组成的家庭有8户;由夫妻2人、2个子女以及夫妻二人的父或母或叔叔等单亲长辈组成的5人家庭有4户;由中年夫妻、夫妻的母亲、夫妻的儿子和夫妻的孙子组成的四世同堂的家庭1户;由老夫妻、小夫妻及老夫妻的另一个孩子组成的家庭有2户;由夫妻和3个孩子组成的家庭的有1户;由夫妻、2个孩子及丈夫的哥哥共同组成的家庭有1户。6口人的家庭有5户,其中由夫妻、2个孩子和孩子的奶奶及夫兄组成的家庭有1户;由老夫妻、小夫妻及两个孙子女组成的家庭有3户;由老夫妻、小夫妻、老夫妻的孙子及老夫妻的母亲组成的四世同堂的家庭有1户。7口人的家庭共2户,1户是由老夫妻、小夫妻和3个孙子女组成;1户是由老夫妻和两对小夫妻及1个孙子组成。

家庭结构规模变小后,有效地减少了家庭矛盾,吵架现象减少了。

二 家庭角色分工

20世纪80年代以前，富裕地村的家庭分工是男人在外面参加生产劳动，女人多数在家操持家务。由于各户只有少量的"自留地"，其他耕地都归生产队掌握，所以劳动力年龄段内的妇女都参加生产队集体劳动，同时还负责家庭的一日三餐和照顾孩子的工作。生产队的负责人考虑到家庭妇女家里和队里"双肩挑"的角色，安排妇女劳动时间时，会考虑她们的具体情况。男人是农业生产的强劳动力，家庭经济的顶梁柱。从家庭权力模式上看，夫妻共同决策的比较多。年纪大的老人不能参加劳动，一般负责在家里照看孩子、做饭。

家庭联产承包责任制实施后，土地承包到户，生产生活的责任全部由各户自己承担，各个家庭有了决策的权力。随着家庭规模的缩小，家庭结构的简单化，夫妻共同参加生产，从前大家庭时代自然形成的家长没有了，夫妻双方有共同的决策权力。在生产方面，仅仅是由于男女生理特点，形成一些因为体质差异而导致的分工。

三 妇女生育

20世纪80年代以前，村民有浓厚的多子多福的观念，重男轻女的思想根深蒂固，每个家庭都希望有儿子传宗接代。大多数家庭希望要两个以上的孩子，最好是有男有女。结果就出现了违反计划生育政策的三胎家庭，因头胎、二胎都是女孩子，为了要一个男孩，就坚持生了第三胎。

1982年，政府加大了计划生育工作力度。喀喇沁旗政府下令采取计划生育大会战措施，夫妻双方都是少数民族的，已生育两个孩子，不论有没有男孩，都必须做结扎手术。夫妻双方是汉族的，已生育一个孩子，必须放生育环避孕。对于计划外出生实施惩罚。此后，超生和计划外生育就减少了。

现在40岁以下的年轻夫妇，生育观念发生了很大变化。有的夫妇，有一个孩子，就主动申报"一孩化"家庭，即使政策允许生育第二胎，也不肯要第二胎。有的夫妇即使只有两个女孩，也不再坚持要第三胎，不再坚持要男孩，认为男孩女孩都一样。

四 家庭关系

新中国成立初期，旧的封建的思想观念仍有很大影响，认为分家会被人指责儿女不孝，加上当时各家各户经济条件有限，盖不起房子，所以祖孙几代同堂现象比较普遍，大多数家庭人口较多，7～10口人是比较普遍的，最大一户人口达13人。儿子结婚后，都和父母一起生活，儿媳妇要听婆婆的吩咐，个别家庭有婆媳不合现象，也有儿媳妇和小姑子、小叔子闹矛盾的现象。绝大多数的家庭关系都比较融洽。

改革开放后，家庭规模变小了，家庭结构也简单了，大多数家庭由父母和孩子组成，家庭关系也简单化了。少数家庭属于三世同堂，即父母、儿子儿媳和孙子女，关系仍然比较单纯。有很多壮年男劳动力选择外出打工，只有女人在家耕种田地，照顾老人和孩子。

五 分家

改革开放前，每个家庭的兄弟姐妹都比较多。如果儿子结婚，随着家庭人口的增加，有了一定的物质条件后，

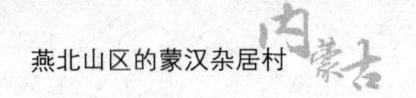

就得分家。分家时,有的人家找生产队干部,或本村德高望重的亲朋参加,分割财产,努力做到公平。有些人家,由父母做主分家。

改革开放后,随着经济条件的改善,大多数家庭,为调动孩子们的劳动积极性,也为了减少家庭矛盾,在儿子结婚后,都采取分家的办法。有的人家,儿子结婚后,没有几年,就把儿子儿媳分出去,让他们另起炉灶,独立生活。有的人家,在儿子结婚前就已经另盖房子,一结婚就让他们独立生活。父母和儿子虽然分家单过,因为一个家庭一般只有一个男孩,所以做父母的仍然尽全力援助小两口的生产生活,关系融洽、和睦。

六 妇女地位与家庭暴力

新中国成立前,妇女在家生孩子,做家务,没有决策权,也不管家里的钱财,大事和小事都得听丈夫和老人的。新中国成立以后,妇女的地位逐步提高。改革开放后,农村形势变化很大,农业生产方面,过去都是人工操作,现在从播种到收获大都依靠机械,节省了大量劳动力。夫妻双方都可以外出打工挣钱。大多数人家的妇女,承担着家庭的生产生活和供孩子读书等重要家务工作。尤其是男子外出务工后,妇女要负责家里的全部生产和生活,上要照顾公婆,下要抚养子女。绝大多数家庭都和睦相处,很少发生家庭暴力。

七 老人赡养

20世纪80年代以前,富裕地村家庭人口都比较多,四世同堂的农户也不少见。家庭的主要当家人是有劳动能力的老人。当时家庭的主要收入来源是在生产队挣工分。每

10分工的日值，在条件最好的生产队达到1元，条件最差的生产队仅为0.08元。条件好的农户可喂一二口猪，或养三五只羊，来维持家庭日常生活。劳动力都必须在生产队参加生产劳动，没有外出打工现象。年龄较大的老人留在家里，负责做饭、看护小孩等。

改革开放前，经济条件有限，大多数家庭分家时首先要考虑老人的住、吃、穿等问题。儿子多的人家，每娶一个儿媳，就得分一次家。其他儿子娶媳妇都分出去后，老人就留一个儿子在身边，娶媳妇后也不再分家。就由这个儿子照顾老人的生活起居。老人去世，如果有子女，都由子女负责安葬，主要是一起生活的子女负责安葬。无儿无女的老人去世，由生产队负责安葬。

改革开放后，村民的生活条件有了大的改变，有很多老人愿意自己独立生活，所以即使有一个儿子，孩子结婚后，老两口也单独生活。这种情况非常多。由于没有稳定的收入，生活水平普遍较低，生活上仍主要靠子女供养。随着老人年龄的增长，在多病不能自理的情况下，子女要伺候老人至寿终。

无儿无女的人家当地称"社会五保户"。"五保户"的供养大体分为两类：一类是集体供养，即集中到王爷府镇办的敬老院统一生活；另一类五保户是散供养，散供养的五保户的生活所需由村民小组统一办理。现在国家每年都给五保户发一定数量的生活补贴。

八　财产继承

富裕地村人均耕地仅1.8亩左右，水浇地极少，没有抗拒自然灾害的能力，造成集体、个人、家庭生活水平偏低，是喀喇沁旗重点贫困村之一。村民的主要收入来源只有种地、副业和外出打工。老人的财产极少，没有什么积蓄。老人治病、生活开支等费用，都由儿女共同负担。老人的财产也由儿女共同处理。有时遇到特殊情况，家庭内部调解不成的，由村委会和上级有关部门协助调解，这种现象非常少。

第三节 日常生活

一 服饰及习俗

（一）20世纪五六十年代的服饰及习俗

衣服：20世纪五六十年代的服饰很简单。当时生活十分困难，村民衣着的特点可以用"简单"概括。无论是颜色、质地，还是样式，都很单一。衣服的颜色主要以蓝色、青色和黑色为主。当时农民缺钱，买布又凭布票，买棉凭棉票，每人每年最多仅23.3尺布票。即使有钱的人家，没有布票也买不到布。最好的布料是条绒布，价格比较贵。只有青年人结婚时才能做一套条绒布的衣服。一般情况下，村民不买这种布料。大多数村民买工艺简单、做工比较粗的白布，价格低。买回白布后，再买上颜料，如煮青、煮蓝等。然后将白布同颜料放到铁锅里一起煮，给布料上色，煮好后晒干备用。这样染出的布料，做成衣服洗过几水后，蓝不蓝，青不青，白不白的样子，很不好看。当时都是手工缝制衣服。衣服的样式是：上衣是对襟样式；年龄较大的，下衣做大裆裤，又称为"免裆裤"。棉衣的里料大多数采用比较粗的纱布，因为买纱布不用布票。一件衣服要穿几年，破了就补，有的地方的补丁摞补丁。没有内衣。

帽子：冬季和春季，大多数村民戴皮帽。皮帽有兔皮、狗皮和羊羔皮等几种，其中羊羔皮做的皮帽较多。因为当时生产队和各家都饲养着绵羊和山羊，由于饲养技术低，不防疫，又没有精饲料，所以春天羊羔的死亡率很高。农民就用羊羔皮来做简单的皮帽，又方便，又省钱。夏季戴的草帽（俗称"苇帘头"），是从供销社买的，帽子很大，既能遮阴，又能挡雨，一举两得。最热天，有钱的村民会买凉帽，无钱的村民则剃光头。劳动一个夏天，脸和脖子被太阳晒得很黑。女村民不戴帽子，天冷了系头巾，多数都是蓝色的头巾，是从商店买的。当时的老年人封建迷信思想很严重，不允许戴白帽子和包白头巾，认为白帽子和白头巾是发丧时戴的。

鞋：20世纪80年代以前，大人小孩穿的鞋都是自家手工缝制的，用料是不能穿的旧衣服。把不能穿的旧衣服拆洗干净，用糨糊一层一层粘起来，经过加压粘连在一起。鞋帮的厚度一般为3毫米左右，鞋底的厚度一般在10毫米左右。鞋底都用细麻绳一针挨一针，密密地缝过。缝过的鞋底像木板，非常硬，耐磨。鞋帮鞋面用新布料，一般用比较结实的条绒布料。鞋面的前半部分，一般用黑线密密地缝过，增加结实程度。鞋底和鞋帮分别制作完成后，再用结实的细麻绳缝制在一起，一双自制的布鞋就完成了。鞋底坏了就钉鞋掌，鞋帮破了就用布料缝补，一直穿到实在不能穿为止。冬季，村民穿棉鞋。棉鞋也大都是自制的。冬春季上山割柴，或早晚干活的劳动力，也从供销社买"棉靰鞡"穿。"棉靰鞡"是工厂制品，鞋底是胶底，鞋面是由两层结实的帆布，内夹棉花，用机器缝制成的，比较结实。给生产队赶马车的老板子必须穿毡疙瘩，是用羊毛专门加工成的毡鞋，分量很重，但很暖和。手头稍微宽裕的人为保暖，去供销社买毡片，加工成鞋垫，垫在棉鞋、"棉靰鞡"或者毡疙瘩里，很暖和。没钱的人则在旧鞋里垫软草，增加棉鞋的保暖性。

当时的服饰有三个特点：一是手工制作。当时无缝纫机，村民也没有钱去城里购买制成的衣、帽、鞋等，所以穿戴都是由家里的妇女亲手制作。不讲究美观，讲究实用。二是原料自理。每家每户经济都很困难，都是用穿过的旧布料制作。三是颜色单一。布料的颜色只有几种，花样很少；加之村民无钱，很少买新衣服，所以颜色非常单调。

（二）20世纪70年代至今的服饰及习俗

进入20世纪70年代以后，随着生活水平的提高，人们的穿戴有了很大改观。

颜色方面，不再是单一的蓝、黑、白，而是颜色多样。

面料方面，20世纪70年代，"的确良"布料开始流行。"的确良"布料的缺点是不吸汗，透气性不好，但最大的优点是耐用，不褪色。继"的确良"布料后，又出现了涤纶、涤卡，这两种布料耐用，不褪色。现在村民的服装面料以棉布、化纤、混纺为主。

样式方面，男装以中山服、西服、夹克衫为主，喇叭裤、老板裤、休闲服也流行过。现在村民的服装样式常见到的有筒裤、牛仔裤，休闲的时候，年轻女性夏季多穿裙子。

由于气候变暖，冬季戴皮帽子的村民已经极为少见。最冷的天，能够见到戴剪绒棉帽子的人。冬天，有些年轻人戴"双耳帽",只扣上两个耳朵。大部分青年人冬天留长发,很少戴帽子。夏季天气炎热,大多数人戴旅行帽、太阳帽等,以免晒黑面孔。

鞋的种类齐全,都是从商店购买,自制布鞋已经不见了。在冬季都穿棉鞋,棉皮鞋最多见。女性穿皮鞋,多以高跟皮鞋为主,既美观又大方。在夏季雨水多的时候和秋收季节,男人大多穿黄胶鞋,其优点是防雨水,防农作物茬扎脚。在农闲时,穿皮鞋、皮凉鞋。20世纪七八十年代,曾经流行塑料凉鞋,因为不耐用,已经无人穿用。在干旱的时候,无论男女,布鞋较为多见,因为布鞋凉快、轻巧。20世纪五六十年代,经济条件很差,大多数男人都没袜子穿。现在男人无论冬夏都穿袜子,冬季穿厚袜子,夏季穿又薄又轻的尼龙袜。

服饰由过去的手工制作,逐渐转变成用缝纫机缝制,现在则以购买为主。商店和集市上均有服装销售,款式多,颜色全,可随意选。服饰的价格也比较便宜,比自己制作服装省时、省力,所以很少有人自己制作服装了。

二 饮食习俗

新中国成立初期一直到20世纪六七十年代,由于农业生产的技术水平低,粮食产量和蔬菜产量都不高,再加上生产队集体核算,村民的饮食条件很差。人们习惯把当时饮食特点概括为"瓜菜代",即以瓜菜为主,粮食为铺。吃的菜多为山野菜。当时村民经常食用的山野菜有榆树叶、刺菜、哈拉海、荨麻菜(苦菜)、柳蒿、车轱辘菜等。在生活最困难的时候,还食用杨树叶以及大豆皮、玉米瓤、玉米皮等粮食的副产品。主粮以玉米、高粱为主。小米是不容易吃到的粮食。因为谷子的产量低,加工也不方便。即使有正式工作的女职工生育,粮站每月也只供应3斤小米,村民则没有这种待遇。1957年和1958年,实行集体食堂制度,各个生产队的社员都必须在生产队办的集体食堂吃饭。食堂的伙食受到严格的监控,即使吃一顿新鲜豆角,被公社知道后,生产队长都得做检讨,说是"变相瞒产私分"。集体食堂取消后,社员家中无粮,吃不饱,很多社员忍着饥饿到生产队参加劳动。为了缓解这一困难,生产队给农民划分了自留地,每人平均1分左右。村民在自留地上种一些土豆、豆角等早熟的蔬菜。每年农历四五月,秋粮接济不上时,村民便采摘自留地的豆角,抠土豆(土豆还在成长期,在每个土豆秧下面挖一两个土豆,然后把土埋上,不影响其他土豆的生长,村民形象地称为"抠土豆"),作为主食。群众生活有了初步改善。

在土地未发包以前,生产队核算,当时称为农村人民公社、生产大队、生产小队三级所有,队为基础的管理模式。由于生产和分配都是"大锅饭",管理差,村民的生产积极性调动不起来,粮食产量还是没有显著改善,农民生活比新中国成立初期稍好一些,但还是很困难,仍然"瓜菜代",一遇自然灾害,就得吃国家"返销粮"。国家返销粮有玉米、高粱。玉米供应不上,就供应高粱,是带帽高粱,不是高粱米。带帽高粱应该是做饲料用的,吃带帽高粱,容易上火、便秘,为了填饱肚子,村民也只能加工食用。生产队秋收后打场,每个生产小队一打完场就按照生产小队的耕地亩数,向国家卖"公购粮"。交完"公购粮",生产队还要预留第二年春耕的种子和生产队牲畜一年的畜料,剩下的粮食按照社员的人数分口粮。最好的年景,生产条件最好的生产队，年人均口粮可吃到380斤，条件一般的生产队在300斤上下。秋天收获的土豆，全部折合成粮食，实际上并没有300斤粮食。社员能吃上小米饭就很知足了。一年里，只有在春节、端午节、中秋节三个节日，由生产小队用小米去国家粮库换回大米和白面，根据人口分配，每个节日每人能够分到1斤左右的大米和白面，能够吃一顿饺子和包子。平时根本没有大米和白面。探视病人，或者探视生育（坐月子）的妇女，用纸包2斤白面，已经是很不错的礼物了。大部分人家都会养一口肥猪，到腊月杀掉，卖掉大部分，留少部分作为春节的肉食。用大铁锅熬制肥猪的猪油，装在瓷坛子里，作为全年的食用油。夏季食用的蔬菜主要有豆角、土豆，偶尔也能够吃到茄子、芹菜。冬季的菜有用大白菜腌制的酸菜、碎咸菜、芥菜疙瘩，冬储的大白菜、土豆、胡萝卜、大萝卜，还有秋天晒制成的干白菜，此外再没有其他蔬菜。

改革开放以来，集体耕地发包到农户手中。农民有了耕地，大大提高了生产积极性。不断学习新的种田技术，积极引进农作物和蔬菜新品种，粮食产量和蔬菜产量都有了很大提高。村民的温饱问题已经得到解决，生活水平在稳步提高。"瓜菜代"的饮食现象已经没有了。从前村民主要食用玉米、高粱等粗粮，现在转变为主要食用大米、白面等细粮，家庭中小米的食用量都已经减少了。从前，一年四季饭桌上都见不到的鱼、肉，现在食用比较普遍了。在日常生活中，以前主要食用动物油，尤其是猪油，平时村民到集市上购买猪肉要选择最肥的猪肉，目的是炼油。现在大多数村民都食用植物油，或者是自己用葵花籽榨油，或者是购买成品食用油。从前村民的主食主要有玉米面的发糕、玉米面窝窝头、玉米楂粥、高粱面窝窝头、高粱米粥、小米饭、玉米面条（钢丝面）、高粱米面条、黄米面年糕、黄米面豆包等，现在村民的主食种类有挂面、白面馒头、水饺、白面花卷、大米饭、白面饸饹等，偶尔吃点小米饭。玉米楂粥、玉米面制钢丝面等是粗粮食品，是饭桌上的稀罕食品，属于当地的特产。

2008年夏季，笔者对大富裕沟村进行入户调查时，仔细了解了各户生活消费的种类及数量，并能够真实地反映改革开放以来富裕地村村民的饮食生活现状（见表4-1）。

表4-1 富裕地村第七村民小组饮食消费表（2008年8月调查）

序号	户主	人口（人）	大米（袋）	白面（袋）	食用油		肉	白酒	啤酒	香烟
					植物油	猪油				
1	李青玉	3	6	8	600元			60斤	7件	800元
2	白俊青	4	6	6	300元		2000元	75斤	3件	0
3	韩文忠	2	1	4	200元		1000元	5斤	1件	3盒
4	曹凤瑞	3	4	4	20斤	10斤	20斤	4斤	20瓶	36条
5	王宗义	2	4	6	10斤	20斤	30斤	360斤	0	0
6	赵祥	2	2	2	40斤			360斤	0	12条
7	张振忠	5	14	14	20斤	60斤	40斤	100斤	6件	2条
8	张金瑞	5	8	10	800元		30斤	50斤	20件	60条
9	王国志	4	1	1	500元		30斤	60斤	6件	2条
10	王爱军	4	5	4	50斤	50斤	30斤	50斤	50件	3条
11	白文学	6	10	10	100斤	40斤	60斤	100斤	5件	6条
12	王伟	4	10	10	30斤	0	36斤	0	0	0
13	白淑琴	3	6	4	10斤	30斤	0	0	0	0
14	王祥	4	10	4	2000元			200斤	10件	20条
15	白文玉	3	4	4	40斤	60斤	30斤	60斤	0	0

第四章　社会生活

第七村民小组共20户,其中1户常年在赤峰;1户常年在王爷地;1户中两个儿子常年在外打工,父亲到外村生活,已经不开火;1户儿子入赘在外村,家里只剩下老母亲,为五保户;1户数字不准确,故表中只剩下15户。该村村民凡是种地的都种1亩或半亩油葵,自榨植物油,所以不购买植物油。凡是春节前杀猪的,猪油和猪肉就买的少。到了夏季,储存的猪肉和猪油没有了,就到集市上买几斤。白酒都是喝3元左右1斤的桶装白酒,每桶约5斤。夏季天气炎热的时候喝啤酒消暑,尤其是来了客人或请人帮忙干活的时候,啤酒消费就比较大。有的老夫妻两个,每天三顿饭,顿顿都喝二三两白酒,每天约消费1斤白酒。年纪大些的村民抽自己栽种的烟叶晒制的旱烟,40岁以下的村民一般抽香烟。

富裕地村的饮食制作方法大都比较简单。

生活困难时期村民常见的饮食制作方法有:

1. 玉米面菜饽饽

将玉米用石头碾子碾成面,加水和好后,放在盆里加温发酵。发酵以后再加上蔬菜末。蔬菜的品种有瓜条、树叶、豆角、刺菜等。一次只加一样蔬菜。大铁锅锅底放上水,或者煮菜,在铁锅达到一定温度时,把加上蔬菜末的面用手拢成手掌大的面团,一个挨着一个地贴在大铁锅的锅边。盖上铁锅锅盖,十几分钟后,就熟了。

2. 玉米面饸饹

将玉米浸泡几天后,捞出晾干,用碾子碾成细面。和面时加上榆树皮面,以起到黏合作用。和好后用饸饹板压成饸饹。因为面缺少弹性,这种饸饹都比较短,当地称"个个豆子"。再用蔬菜制作卤汤,浇在饸饹上即可食用。困难时期这种饭算是比较好的。也可以用小米面制作,口感更好。

3. 玉米楂粥

将玉米去皮,用石头碾子碾成楂,煮粥,当地叫做"棒子米粥"。这类饭多数在晚上食用。如果是小米直接煮粥,叫做"小米粥"。

4. 散壮

把小米碾成面,将少量黄豆也碾成面(代替糖精使用),混合到一起,加少量水拌均匀,放到锅里蒸半小时,取出食用。

5. 黏豆包

将碾好的黄米面掺杂少量的玉米面,经过发酵,用手取拳头大的面拍成薄皮,里面装上煮好的芸豆做馅,再包起来,就成为黏豆包。包好后放在大铁锅的锅箅子(笼屉)上蒸半小时,即可食用。在困难时期,这算上等食品,口感好,耐饥。

6. 年糕

把大黄米用清水洗净,控干水,用石头碾子碾成面,或者用粉碎机粉碎成细面。把碾好的面放在容量大的簸箕或笸箩里面,淋少量的水,让黄米面变得潮湿即可。然后倒进大铁锅中一定量的凉水,上面搁置大锅箅子,锅箅子上铺好"干粮叶"(秋季从山上采摘晒干的阔树叶,用水浸泡后变得柔软),当水蒸气上来后,在铺好"干粮叶"的锅箅子上面,均匀地一层一层地撒黄米面,全部撒完后,盖上像尖帽子一样的用草编织的大锅盖(当地称"笼帽"),需要蒸个把小时。用大黄米做的年糕是当地的特产,口感好,耐饥,在困难时期是当地的上等食品。一般都是春节的时候制作。有时村民请很多人帮忙干活的时候,也蒸年糕犒劳大家。蒸年糕是需要一些技术的,如果蒸不好,就会夹生。

7. 小米干饭

把小米用清水淘洗干净，大铁锅放上清水，水烧开后，把淘洗干净的小米倒入大铁锅中煮，待小米煮开花后，用漏勺捞出。把铁锅里的米汤舀出，铁锅洗干净后，把捞出的米倒进铁锅，用文火煮熟。

8. 黄米粽子

黍子去皮后称为"大黄米"，黏性大。把大黄米淘洗干净，泡在陶盆里，经过十几天的时间，大黄米稍微发出酸味，再一次清洗，然后使用当地出产的芦苇叶子，将大黄米包裹成圆锥形，用当地产的马莲拴紧，放在大铁锅里用文火煮熟。食用时，去掉叶子，蘸些白糖，香甜可口，非常好吃，在困难时期是当地上等食品。一般在端午节才制作。

改革开放后，尤其是最近10多年，村民的饮食内容发生了很大变化，当地产的粗粮基本上退出了当地村民的食谱，大米白面等细粮成了村民食谱中的主要食物。

大米的食用方法比较简单，大部分是用电饭锅焖制米饭，或者煮粥。

白面的做法是传统做法，也是流行做法，蒸馒头、包子，包饺子，烙馅饼，炸油条，或者擀面条等。与以往有所不同的是，从前白面很少，村民都是在年节时间自己蒸馒头和包子，现在有专门的面食制作作坊，专门蒸馒头和豆沙馅包子，送到各村的小商店销售。村民为了省事起见，平时都是从小商店购买馒头食用。

三 村民居住情况

新中国成立前，除了富裕户以外，穷困的村民住马架子房的较多。马架子房制作简单，用土坯简单地垒起墙体，上面架起"人"字形木架,木架上铺盖干草,抹些黄泥,即可住人。因为房顶铺盖的是干草,一到雨天,外边下大雨,屋里就会下小雨;外边雨停了,屋里仍会滴水滴。冬季抗寒性差。富裕户则建造土木结构的房子,没有砖瓦房。

新中国成立后,在中国共产党和人民政府的关怀下,由政府、村组出资、出料,帮助村民建造起土坯房。马架子房被淘汰。

20世纪七八十年代,有少部分村民的房子的屋顶有了小青瓦或用水泥和沙子加工成的简易瓦,解决了阴雨季节漏雨的问题,也避免了年年维修房顶的麻烦。此时的土房大都是三间房,建造方法是:先用罗盘规划房屋的朝向。然后在地面画上比三间房子稍大一些的方框。人工把方框中的土石全部挖出去,大约挖1米深,当地叫做"挖地基"。在挖好的地基中,按照三间房子的墙体走势,用大石头垒墙,要垒出地面约1米高。如果地势低,地基可以垒得更高一些。当地叫做"打地基"。地基打好后,在地基上起墙体,都是用夯土的办法起墙体。长方形的墙体起到2.5米左右,即完成,此时称为"房框子"。在房框子上需要架起两架"大柁"。"大柁"都是请当地的木匠制作的,呈等腰三角形。三角形的底边的长度决定了房子的宽度。一般都是用有硬度的直径四五十厘米的榆木做原料。三角形的两个腰要承担檩子的重量,一般用直径二三十厘米的杨木制作即可。在夯土墙的时候,已经在土墙中预设了相对应的四根立柱,两架"大柁"就架在这两对立柱上。两架"大柁"与房框子两侧的山墙平行,把房框子等距离地分割成了三间小房子。架起"大柁"后,在房框子两侧的山墙上和中间的两架"大柁"上等距离地搭放7~9根直径30多厘米粗的檩子。然后在檩子的上面，与檩子成垂直方向，钉上小圆木做成的椽子，椽子之间的距离大约是20厘米。在椽子上面铺盖用树条编织的席子或高粱秸秆等。铺盖严密后，用黄土沙泥抹平。抹平后，上面或者铺瓦，或者铺草，或者再抹一层沙泥。土木结构的房子就建成了。内装修也比较简单，抹两层黄土泥，把墙面抹平，把墙缝堵住即可。为了保暖，为了卫生，也为了美观一些，有不少人家从集市上买来旧报纸，用旧报纸把居室的顶棚和墙壁糊一层，遮住了墙上的泥土。有的人家买不起旧报纸，就把白灰兑成白灰水，用刷子刷在顶棚和四周的墙壁上，使其成为白色。

20世纪七八十年代，房屋内部结构很简单。两架"大柁"的下面用土坯垒上两道墙，把长方形的房框子隔成了三间房子。房子内的布局是：两侧的房子做居室，中间的房子做厨房。中间房子的正面开房门，房门的两侧挨着隔墙各建造一个锅台。两道隔墙各开一个小门，作为进入居室的门。两侧居室的正面各建一个1.6米见方的窗户。窗户和门均系木制。窗户下面搭建大火炕，与中间屋子的锅台相通。锅台烧火做饭，火苗和浓烟穿过火炕的炕道，从房子两侧的山墙的烟道排出去，火炕因此能够保持温暖。居室内安放大红柜和箱子，以及挂镜等生活用品。厨房安放水缸、碗橱、咸菜缸等设备。锅台上面安放口径约七八十厘米的大铁锅。

改革开放后，随着村民经济条件的改善，居住条件也有了很大的变化。

首先是土坯房都改建成了砖瓦房。建筑方法基本相同，不同的是砖瓦房的原料使用红砖、红瓦和水泥，房屋面积比土坯房面积至少增加了1/3。人口少的盖三间，人口多一点的盖四间。砖瓦房的门窗经历了三个阶段的变化，20世纪 80 年代建的砖瓦房，门窗大都是钢窗；90 年代以后，使用铝合金门窗；最近七八年，新建砖瓦房的门窗都用塑钢窗。房屋建成后，内部装修也比较讲究了。用 PVC 板吊顶棚，墙壁用泥子粉刮白，地面铺上地板砖，锅台用瓷砖粘贴。室内变得又干净又漂亮。

其次是房屋布局趋于科学合理，房屋功能有了显著变化。外出务工的人多了，不少外出务工村民都是在城市的基建工地做泥瓦匠或力工，比较熟悉城市房屋的布局。这些人回村建房时，按照城市楼房的布局结合农村的特殊情况，改造室内布局和功能。专门设计了厨房、洗浴间、客厅、孩子学习的书房等。卧室也变多了，有夫妻的卧室，有孩子的卧室。和父母同住的村民，还给父母单独设计一个卧室。宽敞明亮的客厅里，摆放着从城市家具店买来的沙发、茶几等。火炕的炕面铺着从商店购买的炕革、化纤炕毡。

很多人家的院墙也都用红砖垒起来，既结实又整齐美观。院子的地面用水泥硬化。大多数农户的猪圈也都改造成了砖瓦结构。个别村民还使用了太阳能热水器。

图 4-1　安装在房顶的太阳能热水器

四 日常生活

（一）生活卫生

新中国成立前，富裕地村人口少，厕所极少，随地大小便现象比较多。现在自家房子的后面都有厕所，家庭条件好的建带棚厕所，家庭条件差的是露天厕所。

计划经济时期，生产队指定一个社员做猪倌，统一放养各户的猪。家庭联产承包责任制施行后，取消了猪倌，这一时期又恢复了散养方式。散养方式不能积肥，猪生长得慢，又容易得传染病，村庄也不卫生。村民养的猪病死的情况很严重，河沟边经常见到村民遗弃的死猪。农户杀猪时还经常出现"痘猪"，当地称"米心子猪"。吃了"痘猪"的肉，容易得绦虫病。村民认识到上述危害以后，现在村民都采取圈养的方式，用红砖、红瓦和水泥建造猪圈，猪圈里边的地面用水泥硬化，在夏天还用冷水清洗地面，猪舍干净，及时防疫。圈养后，不仅庭院和村庄变得干净了，而且猪病死的情况也少了。

20世纪五六十年代以前，村民生活用水有两种方式解决，一是全村有一口深水井，井上架有辘轳，家里备有水缸，全村都用水桶到深水井来担水，存放在水缸里备用，这是当时解决生活用水常用的一种方式。另一种是在河边或泉眼边挖一个很浅的小水井，放一个水瓢，担水的时候，用瓢把水舀到水桶里，担回家倒进水缸备用。20世纪70年代开始，在老公地、王爷地都兴起了压水井，当时叫做"洋井"，彻底解决了村民吃水问题。接着，在马场沟、大富裕沟的部分人家，也尝试着安装了压水井。但是大富裕沟沟里挖不出压水井，于是20世纪80年代末，政府出资打了一口深水井，建了蓄水池，安装了自来水管，家家户户都吃上了自来水。现在富裕地村有四个小组用上了自来水。

（二）民间习俗

村头建有小庙，村上如果有人死了，亲属必须提着水，拿着烧纸、香烛，去庙上报信。把死人安葬后，太阳要落山时，亲人必须带着烧纸、香烛、纸马（或纸牛）、扎的九莲灯等去庙上送盘缠费。此时由儿子指路，口中念叨亡者去西天大路，并给死者写一份到阴曹地府的文书，连同纸马等烧掉。每逢天旱，就有部分老年村民组织起来，去庙上求雨。

20世纪70年代以前，每逢干旱、发洪水，村民都要组织唱皮影戏。村民称农历六月十三为"雨节"。在雨节，多数村民组织起来，杀羊、杀猪，在土地庙前上贡敬神。上完贡后，大伙把肉分吃。当地有"七月十五定旱涝，八月十五定收成"的说法。意思是到农历七月十五这一天，如果旱，就是旱年了，如果涝就是涝年了，如果雨水正常，也不会再发生大的气候变化。到了农历八月十五，年景好与坏就定型了，不会再发生好与坏的变化了。

多数开店铺的村民都供奉财神，期盼财源滚滚来。春节的时候，村民家里也会贴一幅财神画像，表示迎财神。有人抓住村民期盼发财的心理，专门在腊月时节，把几角钱的财神像送到各户，要各户迎财神，以牟取暴利。

每年的农历七月初七被认为是牛郎织女在天河相会的日子，说这一天下雨，看不见喜鹊，因为喜鹊都到天河给牛郎织女搭桥去了。

第四章 社会生活

当地把专门看风水、看吉日，能够书写符咒的人称为"风水先生"，帮助选择出殡时间的人被称为"阴阳先生"。村民建房、埋坟、建畜舍、姑娘出阁、儿子娶媳妇、开大门等，都得找风水先生选地方，查吉日方可。阴阳先生还用朱砂在黄纸上书写符咒，根据情况，所画写的符咒或者贴于门框、墙上，或者带在当事人的身上，据说能够起到祛邪灾、除病的作用。埋坟破土时，阴阳先生向东家要一只白公鸡，用新针扎鸡冠出血以示避邪。死人埋葬后，阴阳先生用鞭炮和白公鸡，在亡者屋内驱赶鬼魂。吃完饭后，东家付给阴阳先生酬金和使用过的白公鸡。阴阳先生有祖代相传的，也有自学成才的。

不允许正月剃头，因为当地流传"正月剃头死舅舅"的说法。二月初二不动针，说二月初二动针是扎龙头，动针的人手会疼。

清明节要上坟添土，闰月年上坟不添土。农历十月初一为鬼节，亲人要给死去的人上坟，称"送纸钱"。

农户建房立架、修缮房子，亲朋好友和邻居都去帮工。瓦房合龙时，要燃放鞭炮，东家要给瓦匠师傅喜钱。

制作衣服钉扣子，不钉四个或六个，俗称"四六不成人"。

禁忌下午探视病人。

除自家亲属外，其他人不许进坐月子的房屋，除了丈夫外，亲属中的男性也不允许进入坐月子的房间。

死在村外的人，灵柩不能回村中停放。办过丧事的人家，百日内不得举行婚礼，半年内不得出嫁姑娘，当年春节不能贴春联。

出殡起棺时，由长子摔丧盆。从起棺到墓地途中，棺木禁忌着地。

（三）节日习俗

春节是民间最隆重、最盛大的节日。农历腊月二十三为小年，家家吃饺子，请灶王爷上西天，并念词："上天言好事，下界保平安"，然后再贴上新灶王爷像。进入腊月下旬，各家各户就开始清扫室内卫生，蒸豆包、年糕等，置办年货，购买对联、年画、挂钱儿。腊月二十九的下午或者腊月三十的上午，家家户户都在门口贴春联，粘挂钱儿；在屋里贴年画。20世纪六七十年代以前，都是请本村会写毛笔字的人写春联，挂钱儿则是买红、绿、黄、粉等色的纸，裁成16开，钉在一起，用刻刀自己刻。改革开放以后，集市上有了卖春联和挂钱儿的，村民就都从集市上购买。春联的内容非常丰富，中心思想都是围绕着吉祥、富裕、勤劳、和睦、平安、顺利、事业兴旺等的祝愿语。挂钱上面刻福、禄、禧、寿、春等字样。鸡窝、猪圈、牛棚的门上，水井、大车上，也相应地粘贴祝愿兴旺、平安的春联。腊月的最后一天为除夕。早饭前放鞭炮；中午家家炖骨头、蒸包子，饭前燃放鞭炮；除夕的晚上，家家包饺子，灯火通明，看春节联欢晚会。在没钟表的年代，人们看天上的三星，三星来到，开始煮饺子，燃放鞭炮，敬神。有了钟表后，一般在午夜12时煮饺子，燃放鞭炮，敬神。吃完饺子，晚辈给长辈拜年。拜年时要说祝愿吉利的话语，长辈给晚辈压岁钱。正月初一，亲朋好友、邻里见面时，相互问"过年好"、"新年好"。正月初五以前不洗衣服，不往院外泼水，说是泼水就把财泼出去了，初五后才能往外泼水。正月初五俗称"破五"，这一天也要吃饺子。正月初七为"人七"日，这一天天气晴好，表示一年人旺。正月十五是元宵节，正月十三至十六举行庆元宵活动，家家吃元宵。正月十四至十六三天，夜里家家要掌灯，这几天还有"洒灯"习俗，晚上举行，洒灯队伍中有灯官爷子，每到一家灯官爷子都得奉承吉利的言语。民间传说，这三天，灯官爷子同当地县官平起平坐，还可以断民间的案子，每到一处，接灯户不点灯就要罚油。元宵节期间，不少村庄还组织秧歌队，唱"二人转"，节日气氛浓厚。正月二十五是"填仓日"，家家在院子里用土灰画上粮仓，粮仓的中心放上一点粮食，燃放鞭炮。二月初二被称为"龙抬头"，这一天理发称谓"剃龙头"。年前杀猪的人家要把猪头留到这一天煮，还炒糖豆，爆玉米花。

图 4-2　屋门上贴的挂钱儿

　　清明节：农历三月初三是清明节。人们在这一天上坟祭祖，供祭品，烧冥纸。如果这一天天气好，表示这一年的年景好。近几年由于封山禁牧，柴草树木多起来了，清明这一天，也是重要的防火日。
　　端午节：农历五月初五是端午节。在没出太阳前，要到河边洗脸，拔艾蒿，采薄荷，割柳条，挂葫芦，在粽子锅中煮鸡蛋，通过这些活动，表示祛邪祛病，保身体健康。这一天的早餐，人们都吃粽子。从前，人们用当地的芦苇叶子包大黄米，现在有不少人包糯米粽子。为庆贺节日，每家都炒几个菜，爱喝酒的人还喝上点酒。

中秋节：农历八月十五为中秋节，也是丰收来临的节日。这一天，饮食主要以月饼、水饺为主，炒菜中以羊肉、猪肉、芹菜为主。晚饭后家人坐在一起赏月，表示一家人团团圆圆。

腊八：农历腊月初八。这时的天气正处大寒节气，天气很冷。民间有这样的谚语"腊七、腊八，冻死俩仨"表示天冷的程度。腊八的早晨吃腊八粥。腊八粥用大黄米熬制，非常黏，里面放一些芸豆。一般在头一天的晚上就开始熬，第二天清晨食用。当地习惯在未出太阳前吃，据说出太阳后吃爱患眼病。有的人家在果树上粘一点腊八粥，传说有果树多结果的作用；在鸡窝的门上粘一点腊八粥，能够起到母鸡多下蛋的作用。腊八过后，育有肥猪的人家开始杀猪，相互请吃猪肉。从此，开始有了过新年的气氛。

第四节 人口流动

一 移民

20世纪70年代中后期，大富裕沟沟里（第五生产小队）的村民，有过一次较大规模的移民，有50多人移出了本村。移民的主要原因是当地生存条件恶劣，经济困难，难以继续在当地生活。据详细调查，当时的移民情况是：

于喜文，全家9口人，1977年正月移入老公地。于喜武，全家9口人，1976年年底，移入现呼伦贝尔市阿荣旗。韩文举，全家9口人，1977年春移入本旗小牛群乡。刘举，全家7口人，移入赤峰三月井乡。周英，全家7口人，移入河北廊坊。白俊义，全家7口人，1983年移入现呼伦贝尔市阿荣旗。李宝祥妻，全家5口人，因为婚嫁移入本行政村小富裕沟自然村。刘文喜，居住在大富裕沟沟里，但是属于第四生产小队社员，20世纪80年代初，全家11口人移入现呼伦贝尔市阿荣旗。20世纪70年代初期，移民到宁城的有王成章一家3口。

除了这一次较大规模的户籍变动外，之后富裕地行政村再没有发生如此规模的移民。出现的都是由升学、婚嫁等原因形成的移民。外出务工出现后，有举家在外地生活的，但是户籍依然在本村。

二 移居

近几年，富裕地行政村出现了一个新现象，村民移居到距离富裕地村约30多公里的喀喇沁旗旗政府所在地锦山镇。这个现象在各个自然村都有，但是以老公地村最突出。

老公地由两个村民小组组成，近百户人家。据2010年2月的不完全统计，已经有17户在锦山镇购房或租房居住。移居锦山镇的原因各不相同，这17户移居的原因总起来有以下几种：第一，因为孩子上学；第二，因为工作；第三，因为安度晚年。

从移居锦山镇的17户来看，数量最多的是家庭中有一人在锦山地区工作或者是公办教师，其次是在村里从事花籽生产、营销，收入丰厚的村民，为子女在锦山镇购买了房子。最后是一部分村民感觉在村中种地不仅累，而且没有前景，同时为使孩子到一个条件好的学校学习，到锦山镇租房居住。

到锦山镇居住后，一部分村民因为家里有稳定的收入，把村里的耕地承包给了其他村民。还有一部分村民继续种地，种地的时候有一人回村住几天，农闲的时候则回到锦山镇居住，并不影响农活。

第五章　文化、教育、卫生

第一节　文化

一　语言文字

富裕地村是蒙汉民族杂居地区，历史上，人们使用蒙汉两种语言交流。20世纪六七十年代，蒙古族村民之间交流仍然使用蒙古语，与汉族村民交流则夹杂着蒙古语单词，或带有蒙古语语法的表达习惯。蒙古族村民家庭称呼上既有汉语的称呼，也有蒙古语的称呼，例如在大富裕沟于姓家庭，当时称爸爸为"阿布"，称婶子为"嘎嬷"，称大娘为"大嬷嬷"。有不少蒙古族家庭，给孩子起名字时，仍然使用蒙古语名字，例如"布和"、"白因仓"、"朝鲁"等。20世纪30年代出生的蒙古族村民，还能够听得懂蒙古话。当地也有遗留下来的蒙古语地名，如"查干吉百"、"毛都吉百"等，都是山凹的地名。

20世纪80年代以后，随着20世纪初出生的老人的离世，富裕地村的能用蒙古语会话的人已经全部消失。20世纪30年代出生的蒙古族部分村民虽然能够听得懂蒙古语，但是由于没有语言环境，也越来越生疏，出生于大富裕沟，已经 75 岁的于喜文老人,就是这样的村民。

从 1977 年开始,富裕地村学校为蒙古族学生开设了蒙古语课程,蒙古族出身的学生,在学习汉语的同时,也可以再选择学习本民族语言。20 世纪 90 年代以后,由于大部分学生都选学英语,选学蒙古语的学生越来越少,不能成班,学校便不再开设蒙古语课了。

2008 年笔者调查时,在民族成分上,虽然有蒙、汉、满、回等四个民族成分,但是全部使用汉语交流,阅读汉文书籍,接收汉语频道的电视节目。已经没有人能够听懂蒙古语会话,没有人能够用蒙古文文字书写和阅读。

二 方言土语

当地方言有蒙古语语言的遗产,更多方言土语应该是从山东、河北来的移民带来的。举例如下:

方言土语	含义
夜来个(yé lái gè)	昨天
前(发钱儿音)个	前天
大前(发钱儿音)个	大前天
明个(míng ge)	明天
后个(hòu ge)	后天
大后个(dà hòu ge)	大后天
赖歹(lāi dai)	1. 狠;2. 狠毒
脖罗盖(bo lē gài)	膝盖
业勒盖(yē lē gài)	额头
妖妖(yáoyáo)	拔尖、说话厉害

第五章　文化、教育、卫生

续表

方言土语	含义
晌午（shǎng wu）	中午
业障（yè zhàng）	可怜，遇到了困难
较绿（jiāo lù）	非常绿
俏白（qiāo bái）	非常白
通红（tōng hóng）	特别红
潮种（cháo zhǒng）	傻瓜
娇耐（jiāo nai）	娇气
娇娇（jiāo jiāo）	爱哭
有尿（yǒu niào）	有本事，有能力
肥奉（féi fèng）	不珍惜物品
恶（nē）	狠毒
奸狂（jiān kuāng）	挑食
狂伤（kuáng shāng）	挑食
挑拣（tiāo jiǎn）	挑肥拣瘦
气卵（qi lǎn）	小肠疝气
浪张（làng zhāng）	不正经
二不愣（èr bù lēng）	有点傻
彪不愣（biāo bù lēng）	莽撞
求饭碗子（qiǔ fàn wǎn zi）	吃饭时发小脾气
闹妖（nào yāo）	不正常
寻思（xún si）	想、思考
别弄（bié nong）	不要做
金贵（jīn gui）	高贵
抢不声（qiǎng bù shēng）	不能出声
妈妈（mā mā）	乳头
吃妈妈（chi mā mā）	吃奶

续表

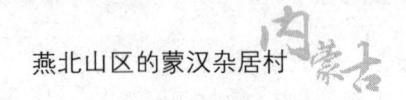

方言土语	含义
遂裆尿裤（súi dāng niào kù）	不利索、窝囊
迂囊（yu nang）	不精明
怪冷、怪热（guài lěng、guài rè）	很冷、很热
摆鼻（bǎi bi）	发脾气
摆轴（bǎi zhóu）	闹矛盾
撒丫子（sā yā zī）	跑
胀饱（zhàng bǎo）	行为张扬
攮刀子（nǎng dāo zī）	捅刀子
恼应（nǎo ying）	反胃、恶心
挖茬（wǎ chá）	言语刻薄
攮㞞（nǎng sóng）	用话指责人

三　娱乐活动

（一）乡村文艺

2008年夏季，笔者在大富裕沟采访了曾经多次参加组织大富裕沟乡村文艺活动的张悦老人。张悦，1941年生，汉族，没上过学，小时候跟着父亲学习了一些汉字，现在能够看小说。据张悦老人介绍，当地流行的文艺活动有古装戏、洒灯、秧歌、高跷、皮影戏、耍龙灯等。

20世纪50年代，大富裕沟曾经组织了一个古装戏团，"文革"时期时办时废。

洒灯、秧歌、高跷、耍龙灯等文艺活动，大富裕沟都曾经组织过。每年的春节过后，就开始排练，在正月十五前后，开始走家串户表演。

洒灯,首先要制作灯。洒灯用的灯有各种各样的形状,有鱼形灯、三角形灯、方形灯、公鸡形灯、六棱形灯等,鲜艳多彩。先做出骨架,然后用白纸糊,再在白纸上画各种图案,有西游记里面的图案,有八仙过海图案,有花草图案,等等。灯里面插上蜡烛,灯下做个木托,在木托上安装一个木杆做抓手,就制作成了。洒灯的人化妆后,手抓木杆,让蜡烛保持平衡,形成一支队伍,跟着鼓点行进,就是洒灯。在队伍行进的时候,有专人把拌了柴油的锯末,装在用纸叠好的灯碗里,在路边几步远点燃一个,犹如把灯洒在路上。洒灯队伍有两个关键人物,一个是灯官爷子,一个是灯官娘子。灯官爷子要能说会道,有一套一套的吉利话,到什么样的人家说什么样的话,总之是祝福的、吉祥的话语,要说得大家都高兴。张悦老人曾经多次担任灯官爷子的角色。

高跷是用五六公分粗的1.2米长的木棍,在木棍的1米处钉一个能够托住脚的托板,两个1副。踩高跷的人脚踏木托,用细绳把高跷绑在腿上,必须绑紧,否则容易摔倒。首先经过一段时间的训练,包括踩着高跷稳步行走训练,队形训练。到演出的时候,踩高跷的人都要进行化妆,穿上行头,扮演成各种各样的人物,大都是古典小说里面的,村民耳熟能详的人物。演出的时候有鼓乐伴奏。踩高跷的人按照设计好的队形,踏着鼓点行进。

耍龙灯有两个关键,一是制作一条龙,龙的关键是制作龙头。龙头要结实,还要栩栩如生。二是组织耍龙灯的队伍。成员必须是年轻力壮又机灵的小伙子。因为耍龙灯是力气活儿。虽然制作龙头时,会尽力做得轻一些,但是仍然有二三十斤。不仅要举着,还要带着队伍跑动并舞动起来，表现出一条活灵活现的龙。耍龙灯也有鼓乐伴奏。

秧歌表演相对来说要容易一些。扭秧歌的队伍都是由年轻的小伙子小姑娘组成。穿上彩色的行头，脸上也进行化妆，组成队形，伴着鼓乐，进两步退一步，随着行进双臂自然舞动。

在20世纪80年代中后期到90年代初，每年正月，大富裕沟等几个村组织这些节目，到各村演出，极大地丰富了村民的文化生活。据村民介绍，大富裕沟的李荣明等人是组织节目的会首（组织者），李荣明辞世后，大富裕沟就没有人组织这些节目了。

这些活动都是各村热心人士自发组织的，没有上级政府的行政命令，也没有上级政府的经费支持。灯会队伍到其他村演出时，首先要在其他村找一个当地的头面人物散发红帖，如果有哪家接灯会，就收下红帖。到各村各户演出，各村以及各户会燃放鞭炮迎接，同时支付辛苦费，给烟酒等礼品。礼金和礼品也没有规定的数目。2009年正月，接灯会的价格是每户最低50元，多者不限。演出结束后，办会的会首根据大家的辛苦程度，分配礼金和礼品。

皮影戏都是业余爱好者组成的队伍演出，以收费为目的。一般在夏季的农闲季节，请皮影戏团来村演出。一般是按照各户的人数收钱，支付演出的费用。有时候，有的人家有大的喜事，也会自费请皮影戏团来唱三天。

古装戏也是由业余爱好者组成的演出队伍，以收费为目的，夏季、冬季的农闲季节，都有演出，和皮影戏一样需要支付费用。

"二人转"演出形式短小精悍，只有一丑一旦表演，俗称"二人转"，当地称"唱唠子"，流传比较久。调查时，村内有两个"二人转"小剧团,农闲季节在本村和外村演出。"二人转"演出时有乐器伴奏,伴奏的乐器有竹板、二胡、喇叭、锣、鼓、电子琴等,道具有扇子、手绢等。道具和音乐带有浓郁的地方色彩,道白多为地方广为流传的幽默、诙谐、生动风趣的串话、谚语和歇后语。大部分节目思想健康,通过节目的形式教育人们遵纪守法,尊老爱幼,勤劳善良,深受村民喜爱。

（二）其他娱乐活动

1. 看电影、电视

20世纪五六十年代,村民通过听广播来接收外部的信息,欣赏文艺节目。从1966年起,村民看上了电影,每年都能看很多次。当时公社有电影放映队,到各生产大队巡回放映,都是露天放映。富裕地村及其邻近的白太沟和两家生产大队放映电影时,村民都能够前往观看。有时,生产小队也把电影放映队接来放电影。放映电影,一般一个晚上放映3个片子,首先放映一个十来分钟的宣传祖国形势的纪录片,然后再放映2部电影。在当时,电影是村民最好的精神大餐,受到了全体村民的欢迎。实施家庭联产承包责任制后,生产大队和生产小队等集体组织功能弱化,再加上电视兴起,露天电影成了一代人的美好的历史记忆。

1986年前后,农村有了少量电视机,都是黑白电视。从电视里能够见到演员的形象,看到新闻。逐步发展为彩色电视机,除了个别特别困难的家庭,即享受政府扶持的"五保户"外,彩色电视已经普及,据粗略统计,达到了95%以上。在大富裕沟,村民利用接收器收看电视节目。在老公地、中营、王爷地,每家每户都接通了有线电视。

据 2008 年夏对大富裕沟的调查，电视普及情况如表 5-1 所示。

表 5-1　截至 2008 年 8 月大富裕沟村电视普及情况表

序号	户主	电视数量（台）	购买时间	价格（元）	接收器数量（个）	价格（元）
1	李青玉	1	1998 年	—	1	380
2	韩瑞德	1	1994 年	—	0	0
3	白俊青	1	2003 年	—	1	380
4	王　廷	0			0	0
5	韩文忠	1	2007 年	—	1	380
6	湛宝玉	0				
7	曹凤瑞	1	—	1200 年	1	380
8	王宗义	1	2008 年		1	380
9	赵　祥	1（黑白）	—	—	0	无
10	张振忠	2	2002 年、2007 年	1500、1800	1	380
11	张金瑞	1	2004 年		1	380
12	王国志	1	2006 年	800	1	380
13	王爱军	1	2000 年	1150	1	380
14	白文学	2	2000 年、2007 年	300、400	2	760
15	王　伟	1	2000 年	—	1	380
16	白淑琴	1	2007 年	380	1	380
17	王　祥	1	2001 年		1	—
18	白文玉	1	1998 年	1200	1	—
19	白永民	1	2002 年	600	1	130

表中 19 户村民，第 4 户的户主因为再婚到了外地，两个儿子常年在外打工，家里已经无人居住。第 6 户的户主因为婚姻问题到了外地，家里只有老母亲，被政府列为"五保户"。其余 17 户人家均有电视，其中 16 户有彩色电视。

第一批电视都是黑白电视，大约购买于20世纪90年代中期前后，使用天线接收，到21世纪初，黑白电视陆续换成了彩电。村民使用电视接收器，能够接收十几个电视频道。

使用有线电视的，每个月需要交纳8元钱的有线电视费，能够接收中央台等几十个电视频道。

村民通过电视，收看新闻、天气预报等信息，更多的是收看电影、电视剧等节目。

2. 电脑上网

有些农户安装了电脑，能够通过电脑上网，了解市场行情。年轻人则用电脑玩游戏。据笔者2008年夏季调查，老公地有电脑人家的户主为于双印、张祥、高秀文、孙广智等。2010年2月8日，笔者到上瓦房、王爷府等地走访，观察到，上瓦房有电脑维修部，王爷府有电脑销售部。电脑是家电下乡产品之一，购买电脑能够享受到13%的补贴。在一家电脑销售部门口，笔者看到家电下乡的优惠广告，正在销售清华同方的品牌电脑，电脑有六款，价格在3000元左右，价格最低的2609元，价格最高的3044元。距离富裕地村40多公里的锦山镇，有多家网吧，乘车半个小时就能到达锦山镇，单程车费7元，年轻村民在农闲时间结伴到网吧玩游戏，上网。

3. 打扑克牌

打扑克牌是最常见的、老少皆宜的娱乐活动。当地的玩法有斗地主、三打一、诈金花、对调等。

"斗地主"是3个人一伙的玩法，从2009年开始在老公地流行。流入的途径有两条：第一条是年轻人从电脑上学会的，第二条是外出打工的人从外地学会，再教会本村的年轻人。具体玩法是1副扑克牌，3个人，每人轮流摸牌。每人摸够17张牌，剩下3张底牌。3人自愿选择是否当地主。当地主的特权是可以拿走3张底牌。一般是手中牌好的人愿意充当地主。如果3个人的牌都不好，没有人愿意充当地主，就黄牌。有一个人当了地主，另外两个人就自然成了一伙，联合起来"斗地主"。如果充当地主的人在另外两个人之前把手中的牌全部出完，充当地主的人就赢了。如果另外两个人有一个人在充当地主的人之前把牌出完了，充当地主的人就输了。

"诈金花"也是当地流行的扑克玩法。1副扑克牌，几个人玩都可以。去掉牌中的大小王，剩下52张牌。一个人发牌，每人3张牌。所谓"金花"就是同颜色的3张牌。3张牌的数字顺序如果是连续的，被称为"顺金"。数字一样的3张牌，被称为"三枪"。"三枪"中3个A最大，依次为3个K、3个Q、3个J，等等。"三枪"管"顺金"，"顺金"管"金花"，有对数的牌大于没有对数的牌。全是单牌，以数字大的为大。

"三打一"是4个人1副牌的玩法。

"对调"是2副牌，4个人分成对家的玩法。

4. 其他娱乐

其他娱乐活动还有打麻将、掷色子、推牌九等。

除了文艺节目和打扑克这两种娱乐方式外，不同的自然村，其他娱乐活动的内容也有一定区别。老公地、王爷地、小富裕沟盛行打麻将，马场沟盛行玩"诈金花"，中营盛行聚在一起喝酒，大富裕沟盛行推牌九。中青年以上的男性村民，在打扑克、打麻将、掷色子、推牌九等活动项目中，都有程度不同的"赌"的成分。本村的男性村民聚集到一起"赌"，邻村的男性村民也聚集到一起"赌"。最近几年的正月里,男性村民的主要娱乐活动是带有"赌博"成分的上述项目,一直玩到正月十五,才停手。过了正月十五,有很多男性村民陆续出发,到外地打工;即使不出外打工的村民,也开始收拾耕地,准备播种,没有时间玩了。

四 民间信仰

60岁以上的村民,有比较浓厚的民间信仰。50岁以下的村民,尤其是上过学、读过书的村民,对于传统的民间信仰比较淡薄。

传统的民间信仰有供奉关公,供奉土地爷,尊重并信仰各种动物的神灵等。

在一些汉族村民家里,在正屋一个僻静的位置,郑重地贴有关云长的画像,或者悬挂嵌有关云长画像的镜框。笔者见到的是木刻画,印在黄纸上,红颜色线条。画像的下面摆放水果、点心,以及少量的馒头、饺子等。一般是在除夕夜,准备吃年夜饭前,户主或者主妇,焚香烧纸,顶礼膜拜,一直到正月初五。

据村民介绍,在老公地有座土地庙,位于谢家沟门公路下面的荒地上。土地庙非常矮小,也非常简陋,不到1平方米的面积,高度不到2米,使用简单的石块或土坯砌成。底部是约50厘米高的台基,台基上有一座微型房子,房子上有门,里面供奉着土地爷。春节的时候,土地庙也会贴一副对联。在春季和夏季,如果遇到旱灾,年老的女性村民会领着一群孩子,到土地庙前烧香祈雨。计划经济时期,也曾经杀了一只羊,把羊头放在土地庙前,献牲。2009年夏,当地遭受了50年不遇的大旱灾,锡伯河水干涸。村民为了祈雨，重新修建了土地庙。2010 年 2 月 8 日晨，笔者实地勘察了该土地庙，长约 3.3 米，宽约 2 米，高约 1.5 米；底座由石头和水泥砌成，底座上由红砖和黄土泥砌成墙体，房顶是由木料和红瓦建成的"人"形屋脊。土地庙的房子被隔成了两间，靠西的一间供奉着"土地之位"的木牌，前置香炉。靠东的一间有很多牌位，分别是药王之位、虫王之位、山神之位、五帝阎君之位、龙王之位、财神之位、马王之位、牛王之位、苗王之位，供牌位的那间屋子的门口置有香炉一座。老公地土地庙的功能发生了很大的变化，不仅仅供奉土地神这一神祇，而且演变成了供奉多神的神祇。

图 5-1　老公地村东的土地庙

此外，年老的村民，对于异常的蛇、狐狸、兔等动物，也疑为神灵，不仅自己焚香烧纸供奉，还叮嘱孩子，不许施虐，否则会遭报应。"香头"是当地类似于巫师性质的人。据说上述动物的神灵附体，或者古典神话小说里的人物附体，就能够为村民看病、占卜、预算吉凶。有些50岁以上的村民，主要是女性村民比较迷信"香头"，如果有疑难疾病，吃药不起作用，就买上香，带上黄纸（术语称为"黄表"），请"香头"看病。"香头"焚香请神后，过一段时间，神灵附体，就会以非本人的声音和语调叙述病因并指示方法。据看过"香头"的村民介绍，每一次神灵附体，都会把"香头"累得满头大汗，犹如虚脱一般。请"香头"看病的村民要送一点礼品或礼金，对"香头"表示感谢。

富裕地行政村没有"香头"，但是迷信的村民知道附近何地有"香头"，或登门。或请到村民家来，看病或者指点迷津。

五　宗教信仰

村中六七十岁以上的蒙古族村民信仰喇嘛教。60岁以下的人则不信喇嘛教。距离富裕地村10公里处有一个大召庙——福会寺。清代福会寺兴盛时，有喇嘛800余人。新中国成立后，喇嘛还俗，该寺一度成为政府的粮仓。改革开放后，福会寺恢复了召庙的功能，村民家中有老人辞世的时候，会请喇嘛念经超度。1981年春，笔者的奶奶病逝，家父按照传统习俗，请喇嘛念经3天。

据村民介绍，2000年左右，老公地和马场沟有一部分村民信了一个教，该教比较神秘。信教的标志是家中墙上贴有画着红十字的白布。宣传不骂人，有病不吃药，信教的人吃米米袋子不减少等。五六年前信的人比较多，以马场沟为最多。后来公安局介入，进行了监控，信的人少了。据其他村民介绍，老公地有一个村民信该教。2009年夏，笔者曾经前往采访。该村民50岁左右，没有结过婚，高中文化程度，住的是父辈传下来的土房，家里比较贫困。当笔者试图询问相关情况时，该村民非常谨慎，告诉笔者不了解情况。笔者去的房间并没有画着红十字的白布标志。2007年夏，笔者和课题组成员在呼和浩特市清水河老牛湾调查时，笔者亲自看见该村一户村民家有这种标志。2008年11月，笔者与课题组在呼伦贝尔盟额尔古纳市恩和乡调查时，恩和乡的干部介绍当地曾经有信该教的村民。

第二节　教育

一　内蒙古自治区成立前的教育状况

富裕地村的学校教育始于20世纪40年代初期。校址设在大富裕沟的张氏民宅中，仍带有私塾性质。由当地的一些乡绅和知名人士，组织学生，聘请教师，筹措办学方面的费用。学校的经费来源主要是学生学费。当地的几位有文化的村民先后担任过教师。由于经济落后，大多数村民生活困难，难以支付孩子上学的费用，能够上学的孩子不多。生源主要是王爷地、老公地、马场沟、中营等几个自然村中少数较富裕的家庭的孩子。也有个别贫困家庭的子女，但由于困难，很少能完成学业，往往中途辍学。全村上学的孩子编成了一个混合班。学生人数不稳定，在几人至十几人之间。

教学内容以《百家姓》、《三字经》、《千字文》、《弟子规》、《中庸》、《大学》为主，附以毛笔字、珠算。

由于是私塾性质办学，教师极不稳定，经常调换。教师对学生的管理以罚为主。对于不听话和未能完成作业的孩子，通过戒尺责打、为老师做服务性劳动等方式，进行训诫教育。

学生家庭以柴、米等实物充作教师的酬劳。

二　新中国成立初期（1947～1965年）的教育状况

1947年，内蒙古自治区政府成立。内蒙古自治区政府成立后，政府积极组织兴办学校。富裕地学校仍设在原址。学校的性质、教育方式、教学内容等，开始由私塾教育向公办的现代教育过渡，逐渐具备了现代学校教育的雏形。学校的教师、学生的构成没有太大变化，主要是教学内容有了变化，增加了讴歌共产党、宣传土地革命等具有政治色彩的内容。

1950年年初，地方政府开始给学校委派教师，动员青少年上学，接受比较正规的学校教育。学校设1～4年级，编成一个混合班。课桌椅以土改中没收的地主、富农家的八仙桌、太师椅等为主，不足部分由学生自带。由于学生逐年增加，村委会又组织本村的木匠，砍伐当地的大榆树，做了一些能坐四五个学生的长条桌和长条凳。

随着土地改革，农民有了自己的土地，但由于生产力落后，劳动效率低，大多数村民生活仍然极度贫困。加上生育不受限制，家庭子女多，很多家庭迫于家务和农活等劳动的需要，不送子女上学。尤其是受重男轻女封建思想影响，女孩子上学比例非常低。学生的年龄构成在八岁到十四五岁之间。学生性别比例很不平衡，女生数量极少。

1953年前后，学生数量有了大幅度增加，由原来的十几人增加到三四十人。由于受校舍限制，同时也为了方便学生就近入学，村委会又在距离大富裕沟2.5公里外的老公地增设一处教学点，设两个混合班，每个班级仍分 1~4 年级，进行复式教学，教师也由原来的 1 人增加到 2 人。按国家规定，学生每学期交 1~5 元学费，每学期课本和纸笔的费用为 2~3 元。对特困家庭的学生执行减免学费政策。学生上学的费用并不高，尽管如此，学费仍然是当时家庭的一项较大支出，大多数家庭难以承受。很多学生读到三四年级，便辍学在家，帮助父母做家务和力所能及的农活，来减轻家庭的负担。读到三四年级的女孩，少之又少。

教师待遇较低。教师的工资由政府以实物形式支付。学校经费的主要来源是政府没收的地主、富农的粮食、生活用具等。据说有一位教师工作一年，年终村委会给了一口棺材作为报酬。

由于村部和学校所在的大富裕沟自然村地处偏僻，交通不便等原因，1957 年前后，村委会和学校都迁到了王爷地自然村。王爷地地处富裕沟行政村的中心位置，赤峰至承德公路穿过村庄，交通便利。学校设在新建的村委会院内的七间草房中。其中三间草房为村部办公室，四间草房为两个复式班教室。大富裕沟和老公地两处教学点均合并到了王爷地，有两位教师，三四十名学生。分设一至二年级、三至四年级两个复式教学班。五年级学生则需要到距离王爷地村委会 5 公里外的上瓦房重点小学就读。到上瓦房重点小学读五年级的学生，每天须步行往返 10 公里的路程，偏远的需要步行 15 公里，早出晚归，自带午饭，非常辛苦。

迁到王爷地的村办小学，教学设施仍很简陋，教师办公备课同学生共用一间教室。把一小段铁轨悬挂起来，由教师按时敲击发出声响,作为上下课的钟声。教学科目有语文、算术、体育、音乐、写字等,彻底改变了私塾形式的教学体制,步入了现代小学教育的正轨。使用的是由政府教育主管部门统一编写的教材。教学内容涉及新中国成立初期国家的经济建设、社会发展、工农业生产、崇尚文明社会生活、道德规范等。珠算在当时是非常实用的课程,和毛笔字一样十分被人看重。一个人如果能熟练地使用珠算或写一手漂亮的毛笔字,就会被认为是一个很有"才学"的人。

1958年,国家倡导"总路线"、"大跃进"、"人民公社"三面红旗,实行社会主义公有制,改原来的行政村为生产大队,儿童的入学率大大提高,加上新中国成立后行政村人口迅速增加,村办小学学生人数由原来的三四十人,增长了近一倍,个别年级人数已达到20多人,学校规模已经不能适应学生人数增长的新形势。上级教育主管部门和村委会决定扩充校舍,增建7间草房。7间草房建成后,学校规模由原来的4间草房变成了11间草房。11间草房中的3间用做办公室兼宿舍,2间做伙房兼学生水房,另外的6间草房设3个教室。教师由原来的2人增加到4人,其中1人任校长并兼课。学生分为3个班,一年级1个班,二至四年级设2个复式教学班。

1959年,学校变为民办公助形式的完全小学,除了招收富裕沟生产大队一至六年级学生外,还要招收邻近的白太沟、黑山沟两个生产大队的五至六年级的学生。学生人数上百,原有的校舍远远不够用。富裕沟生产大队组织社员在集体山上采伐木材,由各生产小队出人工,在原校址又增建了12间草房作为教室。教室的门窗很小,是当地的传统窗户，俗称"呱达嘴"，即上下两扇的木棱窗户。窗棱上糊纸遮风御寒。冬季靠火炉取暖。土墙壁用黄泥抹平。室内光线昏暗，阴雨天气学生几乎看不清黑板上的字迹。空旷的草房用高粱秸秆捆成直径约三寸的粗捆（俗称囤子）竖立排列，高粱秸秆捆两边用木条夹紧固定，然后抹上黄泥作为隔墙，分割成独立的房间作为教室。教室之间的隔音效果因此极差，老师讲课的声音彼此相闻。淘气的学生时而偷偷地把隔墙掏通，互相说话，传递纸条等，一旦被老师发现，要受到严厉批评，还要其把所有的墙洞用黄泥堵严、抹平，作为对该学生的责罚。

学校规模扩大后，学生按一至六年级分成了6个班，每班由一位老师任班主任。教师增至七八人。由于是民办公助，以民办为主，公办为辅的体制，教师也由民办和公办两部分构成，民办教师占多数，公、民办教师比例约为3∶7。民办教师由本生产大队的学历较高的（小学或初中毕业生）年轻村民担任，待遇由生产队按正常劳动力记工分，一年大约三千分，此外国家每月补助5元钱。公办教师由上级教育主管部门委派，由国家财政按月计发工资，依据工龄长短，月工资有所不同，高者50元左右，低者30元左右。教师待遇普遍偏低。教师的整体素质不高，1所学校平均仅有1名师范毕业生。大多数教师都敬业肯干。由于农民收入极低，学生辍学现象严重，小学的入学率虽能达到95%以上，但小学毕业率只有80%多。

三　1965～1985年的教育状况

1964年，根据上级部署，在富裕地小学增设"农业初级中学"，简称"农中"，招收没有进入初中读书的小学毕业生或具有相当于小学学历的社会青年，目的是提高农村青年的科学文化素质。

1966年，"文化大革命"风暴席卷全国，富裕地小学无例外地卷入了这场历史大潮中。"农中"开办仅仅3年，学生便加入到"文化大革命"的大串联之中。1966年秋末冬初，全国大中专学生大串联达到高潮。东北地区中专院校的学生背着行装，举着"××红卫兵长征队"的红旗，经赤承公路向北京进发，去接受伟大领袖毛主席的接见，学习外地的"革命经验"。规模大，阵容壮观，有的队伍长达几华里。他们边行军边高唱毛主席语录歌。日行夜宿，走到哪里，就由当地的生产队提供食宿，付给一定的费用。富裕地"农中"学生中，一部分家庭出身条件较好、思想积极的学生，也加入了这个"长征"的行列。

"文革"期间，富裕地小学的师生也全部加入到了这场史无前例的"洪流"中，学校能写毛笔字的老师都被派到各生产小队义务书写毛主席语录。在这种政治氛围下，学校处于半停课状态。教室的前面贴着毛主席像，墙壁上贴着毛主席语录。学生在老师或班干部的组织下，对着毛主席像早请示，晚汇报，唱语录歌，跳"忠"字舞。学生虽然每天都上学，但大部分时间都投身到"文化大革命"中，整天批判"读书做官论"、"学而优则仕"，批判知识分子走"白专"道路，批判《三家村札记》，批判刘少奇和邓小平的"三自一包"、"四大自由"，等等。社会上的"读书无用论"抬头，继而大行其道。学生上学不读书，老师被称为"超级臭老九"。一些资深教师被打成"地、富、反、坏、右"分子，称为"牛鬼蛇神"，关进牛棚。

到1967年秋季，富裕地小学完全陷入瘫痪状态。那尔村公社（即现在的王爷府镇）的全体教师及各行各业大部分职工都被集中到公社所在地王爷府，开始"挖肃"运动（挖"内人党"党徒、肃反革命流毒）。很多老教师、老干部被揪斗，关进牛棚，由一些青年教师看守，交代所谓的"内人党"问题。对被关押的"牛鬼蛇神"还要经常召开批斗大会，进行惨无人道的精神上和肉体上的摧残和迫害。1970年年初，"挖肃"班子被解散，教师得以回到了教学岗位，学校开始复课。小学由六年制改为五年制，把初中下放到各村小学，称为"七年一贯制"，即小学五年，初中二年。从此，富裕地小学有了初中班，简称戴帽小学（戴帽小学，就是小学同时办中学），更名为"富裕地学校"。

富裕地学校开办之初，有一百四五十名学生。初中班除招收本生产大队的学生外，还招收相邻的黑山沟和白太沟两个生产大队的学生。原"农中"的部分优秀学生被免试招进王爷府高中。从此王爷府初中升格为王爷府高中。富裕地小学毕业的学生，有13人回到富裕地学校，被编为六年级一个班级。六年级开设语文、数学、物理、化学、体育、音乐等科目。教材最初是由喀喇沁旗教育主管部门主持编写的，内容简单。1971年，学校开始使用辽宁省编写的七年一贯制正规教材，自小学到初中阶段的教育步入正轨（1969年赤峰市的前身昭乌达盟被划归辽宁省管辖，1979年重新划归内蒙古）。

学生每学期的学费仍是1.5元。从一年级到七年级，书费2~4元不等。教师人数由原来的不足十人增加到十四五人。其中有四名教师是上级行政主管部门调配来的"文革"中毕业的师范或高中毕业生，师资力量得到了充实和加强。

1972年1月,富裕地学校第一届初中生毕业,共13人,其中有2名女生。

学校的运行虽然基本步入正轨,但仍处在"文革"时期的无序状态中。初中毕业升高中不需考试,采取"推荐选拔"的升学方式,由公社主管教育的领导小组直接报告,由教育领导小组签发录取通知书。收到通知书的学生即可进入王爷府中学读高中。少数家庭出身不好的学生(地主家庭),被拒之高中门外,得不到读高中的机会。1972年富裕地学校七年级毕业13人,只有8人升入高中。1973年,学制由寒假毕业改为暑假毕业。1974年7月,富裕地学校的第一批初中毕业生从王爷府高中毕业,走向社会。这部分毕业生大部分进入了教育、商业、政府机关等部门,成为各行业的中坚力量。1973年年末,高中又实施考试与推荐相结合的招生制度。

富裕地小学"戴帽"的办学方式从1971年开始一直延续到1983年。1983年上瓦房初中集中招生,改变了各村小学办初中的局面,富裕地学校又回到小学教育状态,富裕地行政村的初中学生都要到上瓦房初中就读。在这十几年的时间里,小学的入学率约在79%,毕业率在90%以上,初中毕业率不足80%。1977~1978年,富裕地学校还曾有一个隶属于王爷府高中,业务由富裕地学校主管的高中班,招收并培养该学校的初中毕业生。1979年年末,这个高中班又迁回王爷府高中。其间,从小学到高中,富裕地学校的班级一度达到十多个班级,教师人数达到20余人,是富裕地学校建校以来学生最多,教师最多,班级最多的时期。这期间,很多"文革"时期的高中毕业生进入了教师队伍,充实了学校的教师力量。

富裕地学校的校舍始建于20世纪50年代,是茅草土坯房,到70年代已破败,墙壁残破、透风,屋顶漏雨,安全隐患颇多。加之20世纪五六十年代,我国尚未实行计划生育政策,到70年代后期80年代初期,出现了学生人数增长的第一个高峰期。1975年,由生产大队收集原材料,各生产小队出人工,拆除最早的七间草房,重建了15间土坯墙、小瓦屋顶、玻璃窗户的新校舍,以后又陆续拆除了其余17间土坯房,利用当地自行烧制的青砖、小瓦,新建了14间新校舍,但仍不能满足学生人数的增长。为解决校舍严重不足的问题,学校只好借用原上山下乡知识青年的青年点里的房舍做教室,这种状况一直延续到1983年。

1983年,由于实行了分级办学、分级管理的办学体制,调动了村委会办学的积极性。村委会多方筹集资金,争取国家支持,于1984年和1986年先后拆除了原来的土坯结构的20多间校舍,改建成现在使用的砖瓦结构的粉墙、玻璃窗、宽敞明亮的新校舍,使富裕地学校校容、校貌得到较大改观。

1983年,上级政府撤销了那尔村人民公社,建立乡镇,生产大队改称村委会。上瓦房地区的6个行政村划归上瓦房乡。与此同时,国家提倡分级办学、分级管理的办学体制,即村办小学,乡(镇)办初中,旗(县)办高中。上瓦房乡的6所小学"戴帽"初中全部撤并到上瓦房初中,集中办学,学制改为三年。各学校管理由原来的重点管理改变为平行管理。把各中小学的经费投入、使用,以及业务管理等权力,都下放到各级相应的政府和村委会。乡(镇)设总校负责全乡(镇)的中小学教学工作,以及领导管理教师等业务，乡（镇）财政负责教师工资的发放。这种分级负责的办学体制，增加了各级政府及村委会对中小学的投入，从而增加了农民负担，致使拖欠教师工资情况日趋严重，学校经费日趋紧张，各学校赤字大幅增加，以至于学校各项工作运转困难。初中集中办学后，上瓦房初中除上瓦房、银营子、大西沟门三个村的学生能够走读外，富裕地、黑山沟、白太沟三个行政村的学生需要在上瓦房初中住宿，增加了学生家庭负担。初中集中办学模式虽然优化了学校的师资结构，改善了办学条件，却导致了入学率和毕业率急剧下滑的局面，入学率接近90%，毕业率不足60%，很多学生由于家庭困难、学习成绩差、对学习没兴趣等原因中途辍学。

四　义务教育阶段（1986~2008年）

（一）儿童入学情况

自1977年恢复高考后，农村的很多学生考上了大中专院校，毕业后都有一份稳定的工作和收入，端上了"铁饭碗"。农村的大多数家长对子女上学重视起来。初中生进入大学校门要经过两道"门槛"，第一道是高中招生人数有限，须经过严格的考试，择优录取；第二道是高考这座"独木桥"。很多学习成绩较差的初中生感到升学无望，便自动辍学。初中的巩固率和毕业率一直很低。

1986年，国家出台《义务教育法》，要求在农村普及五年义务教育。富裕地行政村人口居住虽然分散，但富裕地学校地处行政村的中心位置，学生上学路途最远不过3公里，所以学生的入学率和巩固率历年都能达到100%（残障儿童除外）。尽管如此，自20世纪90年代初以来，为了提高家长对义务教育的认识，学校在上瓦房乡政府和富裕地村村委会两级班子支持下，做了大量的宣传工作，通过张贴标语、书写永久性标语、散发传单、散发旗教育行政部门编制的义务教育小册子等形式，宣传国家实行《义务教育法》的意义。广大村民均能积极配合支持学校的工作，认识到适龄儿童及时入学，是家长法定的义务。

进入20世纪90年代后，国家要求在农村普及九年义务教育，但初中的巩固率和毕业率一直不高，是"普及"的一大难题。上级教育行政部门及学校积极采取措施，"防流控辍"，但效果不尽如人意。初中生辍学流失情况一直较严重。近年，由于调整学校布局，改善教学、食宿条件、优化教师结构，加强学籍管理，加之家长对子女求学的期望值的升高，初中生入学率达到100%，巩固率也有大幅度提高。

（二）办学条件的改善

《义务教育法》颁布、实施后，各级政府积极筹措资金，购置教学设备，改善办学条件。1996年学校又多方协调，在村委会的支持下又新建了10间砖瓦结构的校舍作为学前班教室和"三室一库"，彻底解决了校舍紧张的状况。

1998年秋，富裕地村村委会在资金十分紧张的情况下，举债5万多元为小学配齐了各类教学仪器设备，达到了农村三类小学的标准。2005年王爷府中心校利用财政支持又为富裕地小学充实了部分教学设施，使办学条件得到进一步改善。

（三）教师队伍建设

上级教育主管部门一直十分重视教师队伍建设，重视提高教师素质。1977年恢复高考后，全校教师都通过各级、各类的培训、函授、离职学习等形式，不断提高自身的文化水平和业务素质。截至2000年，全校教师都已取得中师以上合格学历，达到了"小学教师具备中师以上学历，初中教师具备专科以上学历"的"两基"要求。

（四）教育教学质量

2002年，小学阶段学制由五年制恢复到原来的六年制。由于教师队伍的素质普遍提高，办学条件的根本改善，整个社会对教育的重视，富裕地小学的教学质量稳步提升，义务教育普及以来的小学毕业生均达到合格标准，全部进入初中继续学业。

截至2008年，富裕地小学先后顺利通过自治区、国家组织的"两基"达标验收。

2008年末，国家财政偿还了"两基"达标以来各级政府、村委会以及中小学所欠的全部债务，学校成了真正意义上的"两基"达标的学校。

（五）学杂费与课程设置

改革开放前，富裕地小学每生每年学费一直是1.5元；改革开放后富裕地小学学费增加到每生每年15元，初中增加到每生每年25元。2006年开始免除学杂费。

20世纪60年代至90年代末，学校的课程有语文、数学、体育、音乐、美术、写字、劳动、思想品德、蒙古语

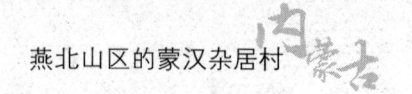

等。20世纪90年代末，学校停授蒙古语课。21世纪初学校增设英语课。

五 富裕地村学生就读的其他学校状况

21世纪初以前，村民的孩子读小学，全部在本村的富裕地小学学习。进入21世纪以来，由于计划生育政策实施后，生育高峰期已经过去，加之一些年轻村民全家到外地打工，孩子也被带到外地求学，富裕地小学的规模急剧萎缩，一年级学生人数尚有二十来人，到了五年级，只有一个班，学生也只有9人（2008年调查数字）。有些年轻的家长认为本村教育质量不理想，有条件的便托关系，把孩子送到喀喇沁旗政府所在地锦山镇的小学，有的人家全家在锦山镇租房子，打工，陪孩子读书。有的在锦山镇买了楼房，或者让家里人陪读，或者请保姆照顾孩子。锦山镇有两所小学，每所学校学生人数都爆满，每个班级学生都在60人左右。

富裕地村学生读初中，一般都在距离本村七八公里的上瓦房初级中学就读。

富裕地村学生读高中，一般都在王爷府镇的王爷府中学就读。该中学距离富裕地村有10余公里，其前身是1902年喀喇沁王贡桑诺尔布创办的崇正学堂，是有百年历史的老校。20世纪90年代以前，校址在王爷府的府第，校园古树参天，两百年前的古建筑，铭刻着厚重的王府历史。王爷府中学校址现在已经被喀喇沁旗政府改建成了王爷府历史博物馆，王爷府中学不得不搬迁到新校址。新校址在南山脚下的锡伯河北岸。从高考升学角度来看，王爷府中学在当地有很大的影响，是升学率比较高的学校之一，从这里走出去很多学子,到内蒙古自治区的高校和全国其他高校求学,被培养成社会有用的人才。笔者1984年从王爷府高三毕业,所在班级有45名同学,当年考入大学的有15人,升学率占30%。2008年笔者回乡调查,听到很多该校出来的老师心痛地讲,该校高考升学率已经排在喀喇沁旗各中学的末尾,从2011年开始将停止招收高中学生,将改成王爷府镇的初中。

本村学生就读较多的另一所中学是"锦山一中",人们习惯称之为"锦山中学"。该校的高考升学率比较稳定。从前各乡镇中学成绩突出的学生会被该校录取,如果家庭条件允许,都会舍弃所在乡镇中学来到锦山中学就读。最近几年,由于乡镇中学高考升学情况不景气,有条件的家庭,都想方设法送孩子进锦山中学读书。在这种情况下,本村初中毕业的学生来到锦山中学读书的比率,比20世纪八九十年代有了很大的提高。

本村村民都比较重视孩子的教育,自恢复高考以来,富裕地行政村各自然村都有学生考入大学(见表5-2)。

表5-2　1978~2000年富裕地村升入大中专学生统计表

姓名	性别	学校名称	年份	姓名	性别	学校名称	年份
国素荣	女	土城子师范学校	1982	赵永刚	男	赤峰师范专科学校	1996
高井富	男	郑州工学院	1982	吕海东	男	赤峰农牧学校	1996
陈宝昆	男	林东师范学校	1981	王红艳	女	林东师范学校	1996
张青林	男	宁城师范学校	1981	曹冬梅	女	林东师范学校	1996
于永	男	内蒙古师范大学	1984	贾利利	女	抚顺煤炭工业学校	1997
连利	男	北京医科大学	1985	林哲	男	赤峰民族技工学校	1997

续表

姓 名	性别	学校名称	年份	姓 名	性别	学校名称	年份
唐 杉	女	东北师范大学	1987	孙海峰	男	内蒙古农牧学院	1997
张本兵	男	赤峰师范学校	1987	张文瑞	男	西安地质学院	1995
乌向前	男	内蒙古工学院	1988	吴玉娟	女	内蒙古纺织工业学校	1997
井文明	男	呼和浩特交通技工学校	1989	陈 婧	女	赤峰农牧学校	1998
褚玉民	男	新惠师范学校	1989	乌学岩	女	内蒙古农牧学院	1998
李亚斯	男	赤峰师范专科学校	1989	张明旭	男	新惠师范学校	1998
李 军	男	内蒙古财经学校	1990	于亚楠	女	内蒙古化工学校	1998
井文利	男	赤峰交通技工学校	1991	孙会伟	男	山西长治机电工业学校	1998
张文志	男	赤峰师范专科学校	1992	陈艳军	男	内蒙古建筑工程技工学校	1998
陈 新	男	内蒙古水利学校	1993	张海龙	男	阜新工业学校	1998
腾利娟	女	内蒙古师范大学	1993	褚国华	女	海拉尔工业学校	1998
井文学	男	赤峰交通学校	1993	林 虎	男	张家口商业学校	1998
陈宝强	男	内蒙古医学院	1994	孙小力	女	赤峰农牧学校	1999
郑志琴	女	赤峰师范专科学校	1994	于亚杰	女	辽宁抚顺工业学校	1999
于秀华	女	呼市纺织技工学校	1994	贾静静	女	任丘华北石油学院	1999
边素轩	女	内蒙古医学院	1995	唐永生	男	内蒙古工业大学	2000
唐树军	男	内蒙古财经学校	1995	井文成	男	吉林邮电大学	2000
边忠孝	男	林东师范学校	1995	王宏丽	女	内蒙古财经学院	2000
包显军	男	赤峰黄金技工学校	1995	林 静	女	包头钢铁学院	2000
刘秀红	女	林东师范学校	1995	—			

第三节 卫生

一 疾病种类

据在王爷地开设医疗点的孟显珍大夫介绍，当地的常见病有高血压、心脑血管病和呼吸道疾病。在中老年群体中，高血压发病率最高，占发病率的40%；其次是心脑血管疾病，占20%。近10年，癌症的发病率呈现攀升态势，在30岁以上的人群中，癌症的发病率占20%。感冒等呼吸道疾病，在各类型的人群中都有发生，秋冬季节多发。由于持续不断地进行结核病的防治工作，以及注射乙肝疫苗，并使用一次性注射器阻断了传染源，结核病和肝炎病的发病率已经得到控制。据常出诊的孟庆超大夫介绍，六七十岁以上的人群患支气管炎、肺心病的最多，这种病多数是因为感冒引起的炎症没有得到及时的治疗形成了慢性炎症，五六十岁以下的人患气管炎的很少了。高血压病人很多，据不完全统计，全村有六七十人。心脏病有明显症状的有二三十人。癌症方面，比较起来，患肝癌的较多，大部分是有肝炎病史的人，最近三四年有五六例肝癌病人。也有得肺癌的病人，但比较少。胆囊炎及慢性胃病的病人比较多。

富裕地村第七小组共有村民70人，其中30岁（不含30岁）以上村民48人，通过入户调查，1人情况不详，自认为身体状况良好的有23人，确实有病的人数为24人。24人中，确诊有高血压病的有3人，确诊患气管炎的有5人，确诊患关节炎的3人，确诊患心脏病的有2人，确诊有胃病的1人，确诊脑血栓的1人，确诊有妇科病的1人，弱智者

2人,确诊有胸膜炎和肩周炎的1人,坐骨神经痛者1人,腰腿疼者3人,哑巴1人。因为有两人既有气管炎又有心脏病,有1人既有关节炎又有高血压,所以如果累加,患病总人数会超过24人(见表5-3)。

表5-3 富裕地村第七村民小组30岁以上村民伤病情况表

序号	姓名	性别	年龄(岁)	健康状况
1	李某	男	58	高血压
2	张某	女	53	高血压
3	白某	男	56	坐骨神经痛
4	朱某	女	56	腿痛
5	董某	女	59	胃病
6	韩某	男	36	腿疾
7	宫某	女	66	弱智
8	杜某	男	66	不详
9	曹某	男	44	胸膜炎伤累
10	张某	女	44	气管炎
11	王某	男	64	胸膜炎、肩周炎
12	赵某	男	71	气管炎、心脏病
13	刘某	女	59	气管炎、心脏病、皮肤病
14	张某	男	66	气管炎
15	金某	男	63	关节炎、高血压
16	张某	男	56	弱智
17	王某	男	65	气管炎
18	王某	男	58	关节炎
19	王某	男	54	哑巴
20	赵某	女	50	妇科病
21	白某	女	52	脑血栓
22	王某	男	47	手指伤残
23	张某	女	79	风湿
24	陈某	女	42	关节炎风湿
25	白某	男	48	伤累腰疼

从统计情况看，气管炎、心脑血管疾病和关节炎是危害当地群众的主要疾病。

二 医疗机构与人员

（一）富裕地村的医疗点与人员

富裕地村有三个医疗点，分别是孟显珍、刘素英和韩瑞德三人开设的。

据孟显珍大夫介绍，富裕地村由喀喇沁旗卫生局核准发放"乡村医生职业证书"的共有4人，分别是孟显珍、孟庆超、孟丽丽、刘素英。4人都曾经在喀喇沁旗卫生学校学习过。

孟显珍，男，55岁，转业军人。转业后先在生产大队的药社卖药，后来去喀喇沁旗卫生学校学习2个月，回来后，接诊简单的病情，并进行打针、输液等护理工作。允许个人开设乡村医疗诊所后，在王爷地开设了私人医疗点。

孟庆超和孟丽丽是孟显珍的两个孩子。孟庆超，男，31岁，在喀喇沁旗卫生学校学习了3年；孟丽丽，女，28岁，在喀喇沁旗卫生学校学习了3年。卖药兼做打针、输液等护理工作。

刘素英，女，57岁，计划经济时期，是生产大队的赤脚医生。

富裕地村的医疗点和乡村医生的最大特点是便捷。村民头痛感冒、打针输液等，能够随叫随到，开展上门服务。

（二）孟显珍大夫的医疗室

2009年年初，笔者利用回村的机会，实地走访了孟显珍大夫的医疗点。该医疗点位于王爷地，房子是原王爷地小学最北的一栋房子。学校使用时是土房，为了设医疗点，孟显珍自己投资改建成砖房。医疗室的使用面积大约有50多平方米。门口悬挂着铜质标牌。标牌上用醒目的红字书写着"王爷府镇富裕地村卫生室"，落款是醒目的黑体字"喀喇沁旗卫生局核发"。医疗室隔成了3个屋子，分别是药房、观察室和治疗室。医疗室的设备比较简陋。正门的左侧是药房。药房由货架和货柜组成，面积有10多平方米。正门的对面是治疗室，摆放着两张单人床，为了取暖，生着煤炉。有两位老年的病人躺在两张单人床上，挂着液体输液。墙上贴有相关的规章制度。正门的右侧房间是观察室，有十几平方米。室内摆放着坐诊用的桌子，患者候诊用的排椅，医者和患者分别使用的两把椅子，诊断时使用的是上面用黑色漆布包裹的1米高的高床，四周的墙上贴有规章制度和医疗程序。据介绍，喀喇沁旗财政困难，到目前为止，对村级医疗室还没有任何投入，村医疗室都是个人投资建立的。

上级相关部门对村医疗室的管理非常严格。开设医疗室首先要经过喀喇沁旗卫生局的审批。喀喇沁旗工商局物价所负责检查监管医疗点的定价情况。医疗点药品的价格和服务的价格必须与连锁店和乡镇医院的价格相同。如果高于上述单位的价格就会受到处罚。喀喇沁旗药监局定期来检查药品的质量，不允许出售过期的药品，必须经过正规渠道购进药品。医疗室需要按照要求填写喀喇沁旗药监分局编制的《医疗器械产品购进记录》、《药品购进、质量检验验收记录》、《紫外线等使用记录》、《化学消毒剂配制使用记录》等材料，以备上级相关部门的检查。《医疗器械产品购进记录》需要填写的内容有：购进日期，购进产品名称，产品生产单位，供货单位的名称、地址、电话，购进产品的数量，购进产品的型号规格，购进产品的批号，购进灭菌批号，购进有效期，购进产品注册号，购进许可证号，验收员验收签字等。《药品购进、质量检验验收记录》要求填写的项目有：购进日期、供货单位、药品名称、剂型、规格、单位、数量、价格、生产厂商、批号、有效期限、批准文号、有无出场合格证、有无检验报告单、药品外观质量、包装质量、票据号、验收结论、验收员签字、质量负责人签字、备注等。

喀喇沁旗卫生局下设的培训机构，每年对乡村医生进行培训和继续教育。培训和继续教育实行全额收费。每次每人收费200～300元，集中培训半个月。聘请喀喇沁旗卫生学校的教师和相关部门的人员授课。此外，医疗点需要购买并在显著位置粘贴或悬挂卫生局制作的一些医疗制度和医疗程序。笔者观察到医疗室内的墙壁上，或粘贴或悬挂的有：《村卫生所观察室工作制度》、《村卫生所防保工作制度》、《村卫生所注射室工作制度》、《村卫生所值班出诊制度》、《村卫生所消毒管理制度》、《村卫生室妇幼保健制度》、《村卫生室财务工作制度》、《村卫生室处方及医嘱制度》、《中毒抢救程序》、《脑血管意外抢救程序》、《溺水抢救程序》、《心绞痛抢救程序》、《触电抢救程序》、《有机磷中毒的抢救》、《常见重症的抢救》、《青霉素过敏性休克抢救》、《休克抢救程序》等。这些规章制度和医疗程序，有的是上级免费赠送的，有的需要医疗室花钱购买，其中10个铝合金镜框镶嵌的文件，是花200元购买的。这些制度和医疗程序，也是上级主管部门对乡村医生的一种培训方式。

据孟显珍大夫介绍，他的医疗室的工作有三类。

一是零售药品。零售药品实行自负盈亏。医疗点根据本地区村民的常见病的情况，批发相关药品，零售给有需要的村民。

二是开展医疗服务。主要是病情诊断、打针、输液三种，均开展上门服务。该诊所能够治疗感冒、胃病等一般的常见病。医疗器械只有听诊器、血压器、体温计、检查床等。手术方面，能做一般的伤口外伤缝合。

三是上级卫生部门指定的预防、接种、妇幼保健工作。工作量比较大的首先是按照国家规定的免疫程序给儿童打防疫针，接种疫苗。具体有乙肝疫苗、卡介苗、麻疹、白喉、百日咳、破伤风、甲肝、流感、流腮疫苗、风疹、流脑、乙脑疫苗等。其次是传染病的监控、报告。平时传染病的监控报告的工作量很小，但是在发生全国性的传染病的情况下，该项工作的工作量则很大，上级部门要求乡村医生要无偿地开展工作。2003年防控非典，从3月到10月，前后长达七八个月，每天要到王爷府镇防保站汇报富裕地村的疫情。对于从外地回到村里的村民要测量体温，进行监测。第三项工作是妇幼保健，即对孕产妇进行访问和检查，也是义务性的工作。第四项工作是死亡报告，即本村发生死亡情况，要向王爷府镇防保站报告，王爷府镇防保站再上报喀喇沁旗卫生局。

（三）就医圈内的医疗机构

1. 旺业店镇两家医疗室

旺业店镇两家医疗室位于王爷府镇和旺业店镇的交界地区，从老公地、马场沟到两家和到王爷地的距离差不多，所以村民有时也到两家医疗室就诊和买药。据村民介绍，两家村有两个医疗室。

2. 旺业店镇五家医疗室

该医疗室距离老公地村10多公里，药的品种稍微多些，如果村民在王爷地和两家医疗室买不到药，就到该医疗室买药。

3. 上瓦房医院

上瓦房（地名）距离富裕地村约5公里，位于旧赤（峰）承（德）公路边，交通便利，原来是上瓦房乡政府所在地，故设有乡级医院。2010年2月笔者专门对该医院进行实地观察和访谈，据院长介绍，上瓦房医院有大夫5人。5人的学历情况分别是：内蒙古自治区医学院大专毕业1人，内蒙古自治区电视大学大专毕业1人，赤峰卫生学校毕业1人，内蒙古电视大学中专毕业1人，中医1人。医院员工共17人。除了一个属妇产科外，其他均属于综合科。医院有病床10张，主要业务是简单的内科治疗，不能开展手术。据观察，医院的条件比较简陋。在医院的墙上贴着医院各项收费标准。诊察每人每次1元，挂号每人每次0.4元，输液一组2元，临时床费一次2元，住院费每日10元，肌肉注射每次1元，导尿每次10元，护理费每日二级护理2元，换药每次2元。

4. 王爷府镇医院

王爷府镇医院是在20世纪60年代成立的三线医院"113医院"的基础上建立的。113医院是部队医院，当时的设备先进，医生的技术水平高，最初在王爷府中学的后院办公，后来在现王爷府镇医院院内的北侧盖了两层楼房，迁到此处办公。1975年，113医院的技术人员撤走，医院移交给地方。2006年,在原医院前60米处又盖了两层楼,成为现在的王爷府镇中心医院。2010年2月8日,笔者到医院走访,医院有两层楼,外观干净整洁,设有3个病房,每个病房有3张病床。有妇幼保健科、计划免疫科、妇产科、妇检室、手术室、内外科、抢救室、中医科、X光室、检验室、B超室、内儿科、口腔科、肛肠科、药房、护办室、收费室等科室。

此外,距离富裕地村30多公里的锦山镇有喀喇沁旗医院,条件和技术均远远超过王爷府镇医院。距离富裕地村约75公里的赤峰市红山区有赤峰市医院、赤峰市妇幼保健医院、赤峰市中蒙医院、赤峰学院附属医院等。其中赤峰市医院和赤峰学院附属医院的条件比较好、技术力量比较强。当喀喇沁旗医院不能治疗时,村民会首选这两家医院中的一家。这两家医院的床位相对紧张,需要住院时,有时并不能很快住进医院。

三 就医状况

富裕地村经济落后,村民生活普遍比较困难。一般性质的头痛、感冒等,能够不吃药就不吃药,能够不花钱就不花钱。只有到了不得已的情况下,才去看病、吃药。村民一旦得病就得去70多公里外的赤峰市医院、赤峰学院附属医院检查治疗,距离比较远,很不方便。从2007年开始实施的新型农村合作医疗制度,得到广大村民的认可,95%的村民参加了新型合作医疗。但是新型合作医疗存在的问题是,当地的旗医院治不了大病,还得到市级以上医院治疗,但是在市级以上医院诊治的,新型合作医疗报销的少。

受传统观念影响,绝大多数家庭生育孩子不去医院,请当地接生婆接生。农村接生婆接生卫生条件差,缺医少药,很容易出现差错。现在交通条件好了,农村机动车多了,大多数妇女为了安全,快要临产时,就住进了乡卫生院或旗医院。

20世纪50年代以前,农民对于防疫没有多少知识,当时的防疫只有"胳膊栽花"(种牛痘),是防治天花。新中国成立前,村民"栽花"请私医,得花很多钱,无钱户得给很多米。新中国成立后,国家很重视防疫工作,大多数免费防疫。大约在1975年,富裕地村发现了小儿麻痹症,很严重。为了控制疫情,政府往农村投放防疫药品,及时控制了疫情,从此打开了防疫难的局面。

(一) 土法治疗

土方治疗属于中医治疗的一部分,是当地多年经验积累传承下来的。

1. 拔火罐

拔火罐是当地最常见的土法。火罐选择陶瓷质地的小罐子,有的有水杯口大小,有的有碗口大小。这种火罐从土产店能够买到。玻璃制的专门的火罐,需要从医疗器械店购买。村民用的多是陶瓷火罐。方法是点燃一二根火柴棍,或者点燃小纸片,放进火罐里,用手掌遮挡火罐口,迅速按在要拔的部位。火罐拔掉后,会留下紫红的印记。

有两种情况会选择拔火罐。第一种是关节疼痛、风湿等。选择大小不同的火罐,拔在疼痛部位。面积小的部位选择小火罐,面积大的部位例如后背,就选择大一些的火罐。第二种是头痛,在太阳穴、额头拔小火罐。

2. 揪

土法的揪是用手捏。嗓子疼就用手揪咽喉，一直揪到肉皮成酱紫色，把火揪出来。头痛就用手揪额头和太阳穴的皮肤，也是揪到肉皮呈现酱紫色为止。

3. 扎霍乱

得了霍乱后，请有经验的人，用劲捋霍乱者的手指，把血捋到手指肚部位，用细针轻轻刺破手指，使酱紫色的血流出来。首先扎中指，霍乱严重的还扎其他手指。

4. 喝姜汤

把鲜姜或干姜，加水，烧开后趁热喝下，具有治疗风寒型感冒的功效。

5. 喝红糖水

把红糖加在清水里，烧开后趁热喝下，具有治疗妇女月经不调的功效。

6. 敷肚脐

受凉腹痛时，把鲜姜捣碎加食用盐，用手敷在肚脐上，敷1小时左右，具有治疗腹痛的功效。

（二） 医疗室就医

由于村医疗室药品种类少，器械简单，医务人员不足，所以只能接诊感冒、发烧等常见病。村医疗室大量的工作是出售常用药和打针、输液等护理性业务。对于村民来说，村医疗室的最大优点就是，医务人员都是本村的村民，态度热情，心理距离近；同时，到村医疗室买药或看病，简单明了，上门服务基本上能做到随叫随到。王爷地处于富裕地村的核心位置，即使到比较偏远的大富裕沟里，骑摩托车也仅需10分钟。上门护理不另外收取护理费，采取在药价上加收 15% 的办法。

（三）医院就医

村民就医圈内的医院，根据与富裕地村距离的远近和医院的级别，依次有上瓦房医院、王爷府镇医院、喀喇沁旗医院、赤峰市医院、赤峰学院附属医院。

上述医院的规模、医生的医疗技术、医院的设备条件等都有很大不同。去哪家医院，主要是根据病的类型和程度，以及自己的经济条件来决定。上述医院的条件不同，收费标准也不同。以生小孩为例，正常分娩，上瓦房医院收费三四百元，王爷府镇医院收费四五百元，喀喇沁旗医院收费近千元。如果要做剖宫产，层级最低的医院就是喀喇沁旗的旗医院和旗妇幼保健所，收费三四千元。王爷府镇医院和上瓦房医院不能做剖宫产手术。

20 世纪 80 年代以前，医院少，医疗条件有限，妇女分娩都是在家里，请有经验的年长妇女，当地称"接生婆"，来帮助分娩。只有遇到难产时才被迫送到医院。据村民介绍，现在妇女分娩都是去医院。

北京和沈阳距离富裕地村都是四百多公里，村民在遇到疑难杂症或比较重大疾病时，如儿童残疾、成人的癌症手术等，在赤峰市医院得不到有把握的治疗，就去北京地区或者沈阳地区的大医院。

（四）医疗支出

据调查，医疗支出是很多家庭的一个负担。对于确诊了疾病的家庭来说，是必需的支出。由于每个家庭都没有消费支出记载，所以也没有准确的医疗支出的数据。在

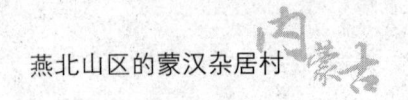

2008年夏季的调查过程中,部分村民对自己1年的医疗支出做了估计(见表5-4)。

表5-4 大富裕沟村部分家庭医疗支出表

序号	户主	户主年龄(岁)	家庭人口(人)	年医疗费支出(元)	序号	户主	户主年龄(岁)	家庭人口(人)	年医疗费支出(元)
1	李某	58	3	2000	11	白某	55	6	4000
2	白某	56	4	1000	12	白某	52	3	300
3	韩某	66	5	400	13	王某	59	4	600
4	曹某	44	3	400	14	白某	43	3	500
5	王某	64	2	600	15	白某	48	3	1200
6	赵某	71	2	1200	16	宋某	47	3	2500
7	张某	66	5	3500	17	孟某	43	6	1500
8	张某	53	5	5000	18	魏某	46	4	400
9	王某	65	4	3000	19	赵某	48	4	200
10	王某	46	4	500	20	吴某	58	4	240

表中村民估算的家庭年医疗支出,是指一年中的经常性支出,不包括突发疾病住院、手术等支出。表中年医疗支出数目大的家庭有两个特点——或者是家庭人口中有年龄偏大者,或者是人口比较多。

(五) 合作医疗

富裕地村的合作医疗从2007年开始。由赤峰市喀喇沁旗新型合作医疗管理办公室制作了《新型农村合作医疗证》,凡是参加合作医疗的农户,均填制该证。《新型农村合作医疗证》是比活期存折略大一些的小本子,封面是绿色。封面的上半部分是用黄色的楷体字呈弓形排列的"新

第五章 文化、教育、卫生

型农村合作医疗证",落款是黄色楷体字"赤峰市喀喇沁旗新型合作医疗管理办公室制"。《新型农村合作医疗证》的第一页是"使用说明":"一、以户为单位参加合作医疗,每年按规定时间和数额交付,凭此证享受合作医疗待遇。二、本证不准转借他人使用和涂改,否则该医疗证作废,并追究当事人责任。三、本证如有遗失,持本人身份证或户口簿经村委会出具证明,乡镇合管办审核同意,到旗合管办申请补办,并交成本费。四、为参加合作医疗的农民设立个人账户(在门诊用药)或统筹账户(住院补偿),个人账户资金以户为单位,家庭成员共用,当年用不完结转下年使用,但不能抵顶次年应交纳的基金。"在落款处还署明了喀喇沁旗合管办及电话和监督电话。医疗证的第二页是户主的信息和参加合作医疗家庭成员名单。第三页是"资金筹集记录"和"家庭成员变动登记"。第四页是"门诊费用补偿记录"。

从《新型农村合作医疗证》的内容可以看出,这是一项非常公开透明的惠民政策。

图5-2 合作医疗证

据村委会的干部介绍，2006~2008年，参加新型合作医疗，个人需要筹集10元，国家给补助40元。从2009年开始，个人需要筹集20元，国家给补助80元。2008年，富裕地行政村村民总数为1690人，其中有1490人参加了新型合作医疗保险。另外有200人没有参加。没有参加的原因有三种类型：第一种是在外打工，联系不上；第二种是家庭经济拮据，在规定的时间内没有现金交纳新型合作医疗保险的基金；第三种是极少数村民信了一种教，该教宣传有病不吃药。

参加新型农村合作医疗的村民，如果有病住院，2008年可以报销医疗费用的60%，2009年可以报销医疗费用的70%。报销额度有上限，上限是1.5万元。超过1.5万元，可以到民政局申请大病统筹，最高也可以补助1.5万元。另外，在不同级别的医院住院，报销的比例不同，2008年以前的比例是，在赤峰市医院住院报销40%，在喀喇沁旗医院住院报销70%，在乡镇医院住院报销60%。因为打架斗殴导致的住院不予报销，因为车祸住院的不予报销。

四 药店

在村民就医范围内，药店数量比较多。村民除了到医疗室和医院购买药品外，在病情确诊的情况下，会直接到药店购买所需要的药品。

据笔者统计，在上瓦房有荣济堂大药房，王爷府有力康大药房、德兴堂大药房、荣济堂大药房、鸿泽药房、全聚德大药房、益和堂大药房。

第五章 文化、教育、卫生

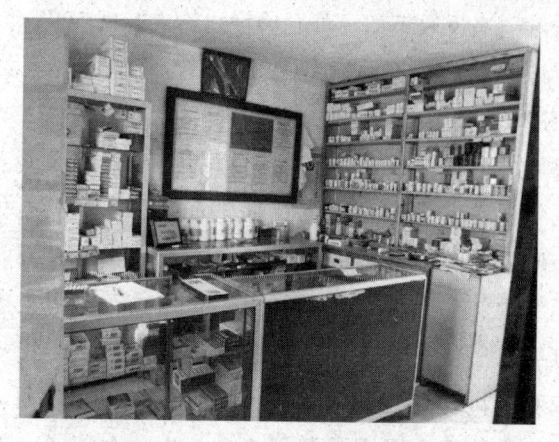

图 5-3 富裕地医疗室的药房

五 计划生育

富裕地村的计划生育工作做得非常出色。村委会的吴桂兰 1991 年开始从事计划生育工作，对最近 20 年富裕地村的计划生育情况非常熟悉。据她介绍，20 世纪 90 年代中期以前和以后，村民的生育观念发生了很大变化。20 世纪 90 年代中期以前，村民没有计划生育意识，重男轻女观念浓厚，计划生育工作非常困难，村民中有违反政策超生的现象。1983 年采取非常严厉的计划生育措施，对有 2 个孩子的蒙古族人家和有一个男孩或 2 个女孩的汉族户，强制采取绝育措施。从 20 世纪 90 年代中期以后，村民超生、强生的现象就很少了，村民主动进行计划生育，计划生育工作容易开展了。有很多蒙古族家庭，主动不要第二胎，在 1993 年以前，这种现象一个也没有。

计划生育政策也有一个变化过程。在 1991 年以前，政策规定夫妻有两个孩子就要绝育，孩子之间可以不做生育间隔,对于违反政策的,处罚力度也不大。从 1991 年 10 月开始,计划生育政策调整,汉族村民生育第二胎必须与第一胎间隔 4 年,少数民族村民生育间隔 3 年。夫妻双方都是少数民族的允许生育两胎,如果前两个孩子都是女孩,生育间隔年限符合政策,可以特批生育第三胎。汉族村民如果第一胎是男孩,就不能再生育第二胎;如果是女孩,生育间隔年限符合政策,可以特批生育第二胎,但是绝不允许生育第三胎。夫妻中有一方是汉族的,不享受特批第三胎的权利。2007 年国家颁布了《计划生育法》,实行人性化的计划生育政策,不准强制引产。超生一个孩子,按照人均纯收入 2~5 倍罚款处理,"罚款"的名称是"社会抚养费"。2009 年喀喇沁旗人均纯收入是 4000 元。2007 年超生一个孩子大约罚款 9000 元。2009 年 10 月 1 日,内蒙古自治区计划生育政策条例又做出修改,两胎之间可以不做生育年限间隔。

计划生育奖励政策也有很大变化。最初土地承包时,各个村民小组都留有一部分集体用地,对于报"一孩化"的家庭,奖励一份口粮田。随着预留的集体用地的减少,奖励一份口粮田的政策无法得到贯彻执行了。从 2007 年开始,执行每年奖励 60 元钱,截止到 14 周岁。从 2009 年开始,奖励现金的额度增加到 120 元/年,同样是到孩子满 14 周岁为止;同时对于申报"一孩化"的父母,一次性奖励 3000 元现金。2006 年开始的奖励政策还规定,对于"一孩化"的家庭,父母 60 周岁以后,国家每年每人补助 600 元现金;2009 年,该项现金增加到每人每年 720 元。2009 年,对于 1983 年以前因为计划生育政策强行结扎的妇女,如果夫妻双方都是蒙古族的双女结扎户,一次性补助 3000 元现金。2009年开始，政府规定对于申报独生子女的家庭，如果子女致残，政府每年补助960元；独生子女是女孩的，每年奖励额度执行360元的标准，是男孩的执行120元的标准。2009年对于双女户结扎，夫妻双方是蒙古族的，奖励1500元；夫妻双方是汉族的奖励1000元。

第六章　生态环境

　　从20世纪三四十年代到21世纪初，近70年的时间里，富裕地村的生态环境经历了从好到坏，又从坏变好的过程。富裕地村生态环境的变化是内蒙古赤峰地区生态环境变化的一个典型案例。

第一节　生态环境的演变

一　20世纪40年代前后的生态

　　有关当地植被情况，最早的文字记载可以追溯到19世纪70年代。据汪国钧[①]记述，光绪初年地处王爷府东七八里处的村庄的村民曾经遇到过老虎，"足见当时山峻树密，地广人稀，虽然柴草丰厚，有益观瞻及牧养，然而野兽出没，防不胜防，住民受害匪浅也"。[②] 1903年年底到达王爷府的河原操子（结婚后随夫姓，名"一宫操子"），回日本后著有《蒙古土产》一书，关于当地的地理有如下记述：

[①] 汪国钧，喀喇沁旗王府东下瓦房村人，生于1853年，卒于1921年，1918年撰成《蒙古纪闻》。
[②] 汪国钧：《蒙古纪闻》，内蒙古人民出版社，2006，第73页。

第六章　生态环境

"树木有杨、柳、榆、桦等。这些树比其他旗产的多，据说还输出到热河、赤峰等地。但这些树木只限于王府一带，其他地方由于中国式的乱砍滥伐，出现了光山秃岭。"① 因为河原操子曾经伴随王妃和王妹等人，冬季在王爷府南面的锡伯河河床上滑冰，"有时向上游滑，有时向下游滑，这样一直滑出去七八里"，由此可以判断河原操子观察到的是当时的王府上下以及从北京到王府沿途山上的植被情况。这段文字说明到 20 世纪初，王爷府附近山上的生态环境尚没有遭到破坏。

　　据一位出生于 1934 年的当地老人忆述，在 20 世纪 40 年代以前，大富裕沟的山上，都是原始森林。树种有柞树、桦树、山杨树、杏树。柞树和桦树多生长在山的阴坡，山杨树多生长在雨水丰沛的山脚，杏树多生长在山的阳坡。大富裕沟的东沟（当地地名）满山都是杏树，前山满山都是柞树。在大富裕沟沟外的山上，有很多山杨树。当时锡伯河的河道不是在现在的北山山根的位置，老公地和王爷地现在的村址正是当时锡伯河的河道。锡伯河岸边，全都是成人双臂不能合围的天然林——山杨树。东沟在 20 世纪 30 年代的时候，只是一条很小的沟，人一抬腿就能够迈过去。到 20 世纪 40 年代，东沟已经变宽了，但是也不是很宽，在上面搭几根木头，就能安全地走过去，到 40 年代末就变成大沟了。1960 年在东沟的西沿盖了一处房屋（老人的住房），此时房子后面的大沟已经很深了。20 世纪 30 年代，东沟上游的白太梁（地名）的耕地肥沃，土豆产量很高。

　　笔者相信老人的忆述，一是老人忆述的仅仅是当时环

---

① 一宫操子：《蒙古土产》，靖文社，1944，第 138 页。

境的轮廓,并不是很精确的问题;即使是比较精确的年代,也是印象非常深刻的盖房子这样大的事情的时间。所以这种记忆应该是很深刻的。二是有很多遗留下来的信息也能够印证老人对当时环境的忆述。

比较确切的材料有六条:第一,老公地村庄确实建在锡伯河昔日的河道上。因为村庄土层下面全都是沙子和河卵石;第二,大富裕沟沟里有一条沟汊,当地村民名"炭窑沟",即烧炭的地方。笔者十余岁的时候,经常在当地的山上砍柴,见到过遗留的炭的痕迹,说明的确是烧过炭。烧炭必须有木头,则证明山上曾经有过树;第三,大富裕沟村保留至今的地名,如"梨树凹"、"杨树凹"、"卯都积拜"(蒙古语,汉意为有树的山凹)、"查干积拜"(蒙古语,汉意为富裕的山凹)等,说明当时这个地区生长着茂密的梨树和杨树,地名系根据地表植被特征命名;第四,笔者幼时,从8岁开始就跟着年龄稍微大一些的哥哥姐姐到附近的山上砍柴、挖树根,作为家里的薪柴。在砍柴的时候,最容易获取的就是山上的埋在土里的半腐的干树根。证明山上确实有过很多树,砍伐后,树根留在下面,日久天长,便慢慢地腐朽了;第五,东沟的东侧有一处约五六亩的旧院落,房子已经没有了,仅仅剩下2米多高1米宽的断垣残壁,宅院的后院墙在山脚下,宅院的前院墙紧临东沟。幼时笔者曾经在此玩耍。据知情人说,在内蒙古自治区成立前,这个庭院曾经是当地富户的一处很大的宅院,有几十间房子。如果建造房屋时,宅院的前面有又深又宽的干河沟,相信宅院的主人绝不会把宅院建在山与沟之间的危险地带,因为山洪会冲毁宅院。这反过来说明,宅院的主人建宅院的时候,宅院的前面应该是出入很方便的没有遮拦的地带,绝不是深沟险壑。如老人所言,又宽又深的"东沟"肯定是后来形成的;第六,关于白太梁的耕地,现在长满了碗口粗的落叶松。笔者十一二岁的时候,曾经随着生产队的妇女到白太梁的庄稼地里拔草。当时耕地一直到山顶。社员用毛驴驮运农家肥到山上的耕地施肥。即使这样,产量也非常低,遇到干旱年头,会颗粒无收。在20世纪70年代中期,这里比较早就被林场用来栽树了。年老的村民经常说,日伪时期,这里是产大烟的好地。"白太梁"这个名称是蒙古语"白因太梁"的简称,汉译是"富饶的山梁"。

二 20世纪六七十年代的生态

到了20世纪六七十年代,大富裕沟村已经是荒山秃岭,沟壑纵横,贫穷落后的小山村了。当时的富裕沟生产大队有7个生产小队,大富裕沟沟里是第五生产小队,是7个小队中最穷的一个生产队。社员在生产队劳动一天,秋后核算,仅仅值8分钱。家家吃国家的返销粮。

村庄周围的山上除了稀稀拉拉的丛状的杏树外,在土层稍微厚些的山上比较多的是一年生或二年生的榛柴和夏长秋黄的蒿草。每年的七八月是汛期,常常有山洪发生。污浊的水流从山坡的沟沟汊汊汇聚到大富裕沟(季节性河道)主河道,发出轰隆轰隆的响声。主河道岸边的耕地也常常被咆哮的山洪卷走一部分。日复一日,年复一年,山洪把大富裕沟主河道冲刷得越来越宽,越来越深。河道布满了沙砾和大小不一的石头。由于山上没有植被,两山之间的凹地也都变成了干河沟,经过夏季山洪的冲刷,越冲越宽,越刷越深。现在50岁以上的村民,对此都有非常深刻的记忆。

三 生态环境现状

富裕地生产大队从1975年的春天开始组织全大队社员到周围的山上植树造林。经过30余年的绿化工作,到2008年富裕地行政村有林地面积达到了13300亩,其中国有林面积4899亩,林网四旁树8000多株,森林覆盖率达到了54%。[①]

2008年8月,因为课题调查,笔者时隔近20年后,又回到故里。第一印象是山村的生态环境发生了巨大变化。

首先,是从沟口到沟里约5公里长的河道。20年前,石块和沙砾充斥河道,在河道上修成的简易路,即使步行也很难通行。现在的河道,两边被榆树遮住,变得非常狭窄。靠河道东边修成了比较平坦的村路,摩托车畅通无阻。据村民反映,2006年,赤峰承德公路开工,需要沙石垫地基,按照富裕地行政村村委会与施工方达成的协议,施工方可以从大富裕沟挖取铺垫路基用的沙石,条件是施工方须用挖土机,沿着大富裕沟河道,从沟口到沟里掘一条宽约1.5米,深约1米的河沟,这条河沟就成了河道。掘出的沙土一部分被运走,另一部分垫了河道边的村路,就形成了现在的从沟口到沟里的沙质村路了。另外,随着山上树木成林和封禁政策的实施,山上被落叶和草覆盖,当地村民已经数年没有见到山洪了。在调查过程中,笔者观察到一个现象,也能够证明村民所言不虚,那就是有的村民把采集到的新鲜蘑菇,摆放在河道的沙面上暴晒;有一只山羊被拴在河道边上吃草。如果山洪暴发,村民是不会这样冒险的。

[①] 据王爷府林场档案。

第六章 生态环境

其次，从沟口走到沟里，随便向两侧的高山望去，到处是郁郁葱葱的松林。河沟边上，还有很多杨树、柳树、榆树。山脚下的梯田长满了绿油油的庄稼。民房被四周的杨树遮挡，半隐半显。清晨起来，走到外面，山顶上有团团的雾，空气异常清新。

再次，无论走到哪一家，门口或者院墙的墙角，都堆放着一垛或几垛松树枝。

图6-1　村民存放的干松树枝

第七村民小组组长兼大富裕沟的护林员介绍：林场规定，山上的树，20年间伐，40年光伐，其他时期，定期伐枝。松树枝已经是当地村民的主要薪柴。笔者到山上的松树林观察发现，树根下，落了一层厚厚的松树针和松树塔，已经无人收集作薪柴用了。

不仅仅是大富裕沟村的生态环境发生了巨大变化，老公地村、中营村、马场沟村周围山上的植被也同样发生了很大变化。以老公地村为例，老公地村的南侧山脉中有边家沟、赶牛道沟、谢家沟。边家沟和赶牛道沟的荒山承包给了老公地村的村民,每家每户从山脚到山顶,都有几十米宽的一条,全部栽满了落叶松和黑松。谢家沟属于生产大队的山,早在20世纪70年代末,就栽种了黑松。赤(峰)承(德)公路从山脚经过。即使在车上,也能够看见山上的一片片松树林。

第二节 生态环境变化的原因

据村民解释和笔者调查,大富裕沟村生态环境变化的原因主要体现在人口和生产方式的转变上。

一 人口问题

大富裕沟的总人口经历了一个由少到多,再由多到少的变动过程。人口的由少到多,再由多到少的变动的过程,与环境的由好到坏,再由坏到好的变动的过程是同步的。

1961年,富裕地生产大队(今富裕地行政村)总人口为1255人;1976年,总人口为1783人;2006年,总人口为1697人。从1961年到1976年,增加了528人,每百人增加了42.1人;从1976年到2006年,人口减少了76人,每百人减少了4.3人。这是富裕地行政村总的人口变动情况。具体到某一个村民小组,变化程度又有很大区别。其中大富裕沟,即第七村民小组(原第五生产小队)的人口变化最大。

据村中老人忆述,20世纪三四十年代,大富裕沟村沟里人口很少,全村不到20户约50人。据村委会资料记载,20世纪70年代中期,大富裕沟的人口,即富裕地生产大队第五生产队的人口,达到了152人,增加了2/3。到2008

年笔者入村调查时,该村的户籍人口只有80余人,在村人口不到50人,30多年的时间里,又减少了2/3。在20世纪70年代中后期,从大富裕沟村向外村移民9户66人。

在传统的农业时代,人口增加与资源需求成正比例变动。突出地表现在两个方面:一是对耕地的需求;二是对植被的需求。

1961年,富裕地行政村耕地面积达到了4780亩,是行政村耕地面积最大的一年。1980年以前,行政村耕地面积均在4300亩以上。到21世纪,耕地面积大幅度下降。2006年全村耕地面积仅有2400亩。2006年的耕地面积仅仅是历史上耕地面积最大年份的一半。耕地面积多,植被覆盖的面积就少,反之植被覆盖的面积就多。富裕地行政村土地总面积是22003亩。当耕地面积是4780亩的时代,耕地面积占土地总面积的21.72%。当耕地面积是2400亩时,耕地面积仅仅占土地总面积的10.91%。可以说植被覆盖面积在土地总面积中的比重提高了10.81%。简单地说,就是耕地面积减少后,植被覆盖的土地面积扩大了。

人口增加势必增加对周边地区植物资源的需求。20世纪70年代以前,当地的燃料全部取材于周边的柴草。柴草的主要用途是做饭和取暖。人多做的饭就多,居住的房屋就多。做的饭多,居住的房屋多,需要的燃料就多,这是个浅显的道理。所以每年一过秋分,生产队就放几天假,便于各家各户准备一年中需要的燃料。各家各户丝毫不敢懈怠,全家动员,到山坡上、地埂上,割柴草。如果动手晚了,恐怕就难以备足一年的燃料。仅仅依靠秋季割柴草是不能满足全家一年的燃料需求的。每家每户的孩子,从八九岁开始，就成为供给家里燃料的劳动力。除了暑假帮助干农活外，其他假期，包括寒假和每周的周末，都要到附近的山上捡拾作燃料用的柴草。对此，笔者有亲身经历。8岁开始，在姐姐的带领下，与本村年龄相仿的孩子一起，春天和冬天，与同伴一起拿着斧头或镐头，背着花篓或挎着大筐，到山上捡柴火。主要是挖杏树根，因为杏树早已经被大人砍回家烧火。在大富裕沟的山上，每天都有十来个孩子，仨一帮、俩一伙，做着同样的劳动。夏天和秋天则是割蒿草。树根没有了，开始用镐头挖蒿子根。年复一年，附近的山被挖得千疮百孔。

附近的山上有很多野生药材，供销社收购什么就挖什么。主要有柴胡、苍术、防风、黄芪等。这些药材都是根茎入药。只要供销社有收购通知，村民就利用农闲时间，带着镐头，满山遍野刨挖药材。药用植物越挖越少，地表植被因此受到破坏，松软的土层翻到地表，一下雨顺着山坡冲下，造成严重的水土流失。

现在居住人口已经大幅度减少，仅仅相当于20世纪70年代以前的1/3，对耕地的需求也大幅度减少了。据村委会档案记载，大富裕沟沟里（现第七村民小组），1980年有25户，121人，246亩地，人均耕地2.03亩。到1995年，减少到总户数22户，总人口94人，耕地189亩，人均耕地2.01亩。据2008年夏笔者入户调查，大富裕沟总户数为19户，总人口70人，常住人口52人，播种面积只有111.5亩，按照常住人口计算，人均耕地2.14亩（见表6-1）。2008年的播种面积比1980年减少了一半多，由于人口减少，人均耕地却增加了0.11亩。相反退耕还林63.9亩耕地。

表 6-1　2008 年夏富裕地村第七村民小组人口耕地面积表

序号	户主	人口（人）	播种面积（亩）	退耕还林面积（亩）
1	李青玉	3	11.2	3
2	韩瑞德	4	0	0
3	白俊青	4	12.3	2
4	王　廷	3	0	3
5	韩文忠	5	7.2	6.6
6	湛宝玉	3	0	2.5
7	曹凤瑞	3	0	3
8	王宗义	2	7.2	3
9	赵　祥	2	1.7	5.5
10	张振忠	5	8.2	5
11	张金瑞	5	5	1
12	王国志	4	11.5	5
13	王爱军	4	12.2	3.5
14	白文学	6	4.4	3.6
15	王　伟			
16	白淑琴	3	5	1
17	王　祥	4	6	3.9
18	白文玉	3	7	7.5
19	白永民	3	12.6	4.8
合　计		70	111.5	63.9

二　生产方式及居民的富裕程度

影响大富裕沟村生态环境变化的另一个深层原因是生产方式及居民的富裕程度。

20 世纪 80 年代以前，富裕沟村的生产方式以农业为主兼及牧业，副业是编筐织篓、挖药材、捡山杏和蘑菇，均属于资源依赖型生产方式。

农业生产方式是比较落后的。农业生产依靠牛马畜力，生产工具是镐头、铁锹、木犁杖、镰刀，农田肥料全部是动物粪便加土混合成的土肥。山沟没有水浇地，全部是靠天吃饭。雨水均匀，年景会好一点，雨水不均则歉收。由于生产力落后，耕地单位面积产量非常低，玉米亩产200~300公斤，谷子亩产100~200公斤。村民一年四季都被束缚在耕地上，只有在短暂的农闲时间，依靠山上的植被资源，经营一点副业，收入零花钱，添置家里用的油盐酱醋。

牧业规模很小，生产队有羊群。富裕的生产队有两群羊，困难些的生产队有一群羊，每群羊几十只。个别村民也养着三五只不等的绵羊或山羊，由生产队的羊倌一起放牧。无论是个人的还是生产队的羊，都是年节时村民的肉食来源。作为种田的畜力，生产队还饲养马、驴和牛，数量都很少，仅仅能够满足耕田需要。

村民全部被严格管理在生产小队，在生产小队队长的统一组织下，一年四季从事农业及与农业有关的生产劳动。因此村民的主要收入也来源于农业生产。每天按照劳动力所从事的工作种类记录工分，年终统一核算。富裕的生产队基本解决温饱问题。大富裕沟属于环境恶劣地区，到20世纪70年代，地处大富裕沟的两个生产小队（第四生产小队和第五生产小队）的社员有一半的社员无法解决温饱问题。村民相互借盐、火柴、灯油等生活用品是常有的现象，足见其困难程度。即使勉强能够解决温饱问题的社员，生活质量也非常低下。主要食物的种类有土豆、豆角、高粱、玉米。因为粮食不够，处于用"瓜菜代"的生活程度。能源方面除了地里的庄稼秸秆外，就是山上的蒿草等植被。

从上面的介绍可知，传统农业生产力状态下的农业、牧业生产和采集业，都属于对土壤和植被等资源索取型的生产方式。如果索取的程度超过土壤和植被的自然修复程度，就会出现土质变薄、植被稀疏等环境恶化现象。情况严重时会出现水土流失等荒漠化现象。富裕沟村在这种生产力状态下，年复一年的生产生活，随着人口增加，资源需求也不断增加，环境承受的压力则逐渐加大。从20世纪50年代中期开始，由于对资源的索取超过了生态环境的承受力，被过度破坏的生态环境已经无法自我修复。在生产队的组织下，社员曾经开展植树造林等人为修复生态环境的活动，但是人为修复力度远远赶不上破坏的力度，到20世纪70年代，村民陷入了"烧饭无柴，吃饭无粮"的困境。为了摆脱生存困境，在前后10年的时间里，大富裕沟村有50余人被迫移民他处。

20世纪80年代以后，富裕沟村的生产方式逐渐发生了很大变化。尤其是20世纪90年代以后，农业生产已经普遍使用尿素、二铵等化肥增加土壤的肥力，覆盖地膜保墒，从种子站购买高产的良种代替自然选种，拖拉机代替了牛、马、驴等畜力，在平地还直接使用播种机种地，秋天使用旋耕机翻地。拖拉机和播种机的使用大大提高了农业生产的劳动效率，减轻了村民的劳动负担。化肥、地膜和良种的普遍使用极大地提高了农田的单位面积产量。据村委会档案记载，1961年富裕沟村总播种面积4701亩，亩产115公斤；1962年总播种面积4550亩，亩产104公斤；1963年总播种面积4660亩，亩产104.2公斤；1964年总播种面积

4655亩，亩产119公斤；1965年总播种面积4647亩，亩产117.5公斤；1966年总播种面积4647亩，亩产107.5公斤；1969年总播种面积4589亩，亩产114公斤；1978年总播种面积4589亩，亩产141公斤。就是说20世纪80年代以前，播种面积在4600亩左右，粮食单产在125公斤左右徘徊。2008年笔者到大富裕沟自然村调查，据村民介绍，覆膜玉米亩产600公斤左右，黄豆亩产150公斤，谷子亩产200公斤左右，黍子亩产50公斤左右。由于单位面积产量的大幅度增加，富裕沟村第七村民小组的总播种面积比20世纪70年代以前减少了60%多。

牧业也发生了很大变化，首先是牲畜的数量大大减少了。1960年以来，富裕地行政村牲畜数量最多的一年是1964年，总数达到2147头（只），牛马骡驴等大畜375头（匹），山羊和绵羊等小畜总计1772只。到2000年，全村牲畜总数只有726头（只），其中牛马骡驴等大畜146头（匹），山羊和绵羊等小畜总计580只。牲畜总数仅仅相当于1964年的33.81%，牲畜数量减少了2/3。其次是饲养牲畜的方式发生了从放牧到圈养的变化。"退耕还林、退耕还草"政策实施以前，无论是生产队时期还是家庭联产承包责任制时期，牛羊都是放牧在大山里。笔者读初中时，暑假期间，也曾经临时替生产队的牛倌和羊倌到大山上看护牛群和羊群。据2008年笔者入户调查，"退耕还林、退耕还草"政策实施以后，凡是饲养牲畜的都采取了圈养的方式，绝不允许到山上放牧。养牛户，夏天割青草回来喂食，其他三季则喂食玉米秸秆和干草。养羊户的养殖规模不超过十几只，夏天在耕地的边沿处放牧，其他季节在秋收后的茬子地里活动，主要还是在家里喂食。

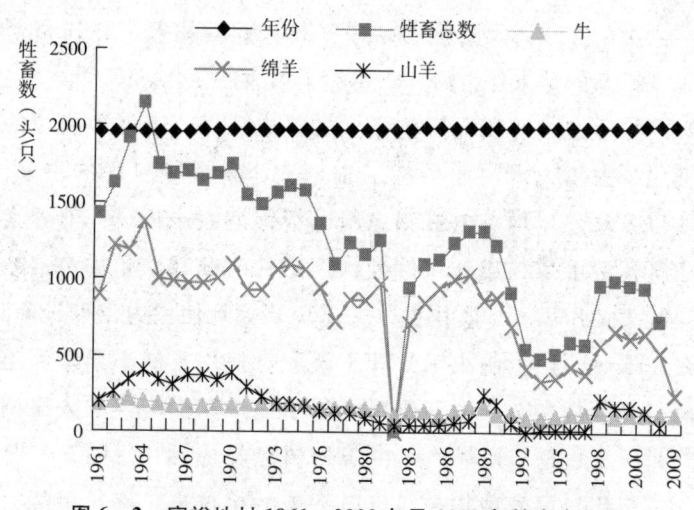

图 6-2　富裕地村 1961~2000 年及 2009 年牲畜变化图

（本图根据村委会档案和笔者的入户调查资料整理编辑。）

副业方面，由于积年累月采挖山上的草药，有些草药已经绝迹，幸存的也植株稀疏矮小，很难采挖，因此现在很少有人采挖药材。20 世纪 70 年代中期曾经大搞植树造林运动，现在满山的黑松和落叶松已经成林，夏季一到雨后，松蘑、草蘑、肉蘑等各种蘑菇如雨后春笋。采集蘑菇成了村民的新副业。在雨水好的年头，一个夏季，一个村民采集蘑菇销售收入能够达到 5000 元左右。

外出务工成了村民谋生的新方式。据笔者 2008 年入户调查，80% 以上的青壮年劳动力均外出务工，大富裕沟自然村共有 3 个村民小组 80 户，有 83 人在外务工，占劳动能力人数的 48.11%。因为工种不同和个人消费习惯不同，外出务工的收入有很大的差别。技术工人，如木匠、瓦匠、电工等年收入在一两万元左右，至于基建工地的力工月收入为 1500~1800 元。

生产方式巨大变化的结果是村民迅速富裕。村民富裕程度提高的结果是生活方式发生了很大的变化。

生活方式对环境影响最大的是电、煤、煤气等能源的使用。由于大米白面代替了玉米和小米成了村民的主食，所以家家户户均有电饭锅，用电饭锅焖煮米饭。大部分人家都购置了煤气罐和煤气灶，天热的时候和农忙季节，炒菜炖菜使用煤气，既快捷，又避免烧大灶使屋内温度过高。冬季取暖使用土制小锅炉和土暖气。使用土制小锅炉和土暖气必须烧煤。冬季不使用土制小锅炉和土暖气的人家则烧炉子，也是使用煤。又由于松树已经成林，每隔几年林场要组织村民修剪树枝，修剪下来的树枝也足够村民烧火取暖之用。电、煤、煤气等能源的使用和松树枝的利用，大大减少了村民对柴草和秸秆的用量。2009年春节期间，笔者到村头的杨树林和山上的松树林实地踏勘时发现，落在地上的干杨树叶，被风刮到了凹处，厚厚的一层。山上落下的松树针，到处都是，踏上去像松软的地毯。20世纪80年代以前，这些树叶和松树针都是村民取暖做饭用的柴火，现在成了腐殖土的原料。

第三节 环境治理与保护措施

1978年以后，三北防护林"一期工程"、"二期工程"启动，由于国家投入的增加，富裕地村凭借国家的政策，生产大队、生产小队与那尔村林场（后更名为王爷府林场）合作，积极地组织社员造林，农民个人也在房前屋后植树。营造的树种主要有油松、落叶松、山杏和杨树。据王爷府林场资料记载，到2001年富裕地村有林地面积9495亩，其中国有林4899亩,森林覆盖率达到了44.6%,林网四旁树也增加到4000多株,在全旗绿化达到了前列。

2001年开始,国家实施京津风沙源治理工程和退耕还林工程,富裕地村被列入到项目实施范围内,共实施退耕还林1008亩,其中2002年退耕还林224亩,2003年退耕还林784亩,飞播造林2500亩,人工造林300亩,并实施了公益林政策,地方公益林86亩,重点公益林2406亩,有效地保护了资源。年年实施采伐,林木的价值得到了有效的利用,"青山常在,永续利用"的原则得到初步贯彻。据喀喇沁旗林业局资料,到2008年,富裕地村林地面积达到了13300亩,其中国有林4899亩,林网四旁树8000多株。森林覆盖率达到了54%。

为了进一步保护环境、治理环境,喀喇沁旗2008年开始了林权制度改革。集体林权制度改革的范围是村集体所有的商品林、公益林以及集体所有的宜林荒山荒地,主要任务是明晰产权。在保持集体林地所有权和林地用途不变的前提下,落实以家庭承包经营为主体、其他形式为补充的经营体制,明确林地使用权和林木所有权,确立农民承包经营的主体地位。对于富裕地村来说,早在20世纪末,生产小队的荒山就已经按照人口分配给村民,只有生产大队的荒山没有变化,所以集体林权制度改革的任务主要是进一步稳定和完善承包关系。村民在荒山上营造的树林都发给了树照。2008年,富裕地村村委会所属的荒山及山林也作价承包给了村民。至此,富裕地村山上的树林分别由国营林场和村民所有。林场的树林专门请了护林员看护。村民荒山的树林由村民自己看护。因为是村民财产的一部分,村民非常关心自己树林的保护。

国家实施"退耕还林"政策以后,王爷府镇镇政府专门设立了监管机构,严禁村民的牛羊上山,一经发现,立刻驱车赶到当地,把牛羊用车拉到镇政府的院子里。村民必须缴纳罚款,才能赶回自己的牲畜。如果抗拒不缴罚款,任凭牲畜死亡,后果自负。一旦出现这样的事情,村民丝毫不敢怠慢,只好缴罚款,承认错误。2008年夏季,笔者在大富裕沟采访时,个别村民说曾经被罚。在这个严厉的政策下,村民或者把牛羊卖掉外出打工,或者舍饲,不敢越雷池一步。

后 记

1965年我出生在群山环抱、宁静而贫穷的大富裕沟自然村，1976年移至老公地自然村，1984年离开家乡到呼和浩特等地求学并工作。虽然多年在外，但是一直与家乡保持着密切的联系，每年都利用寒假或暑假，回家乡探视父母、亲戚、朋友，关心家乡的发展变化。

2006年年底，中国社会科学院中国边疆史地研究中心启动"当代中国边疆·民族地区典型百村调查"项目。有感于改革开放以来，家乡方方面面发生的变化，尤其是生态环境的巨大变化，经过慎重考虑和论证，并获专家组批准，富裕地行政村被纳入了百村调查范围。

2007年年底，课题组成立。中共富裕地村党总支书记呆常英、会计孟显福、富裕地小学教师张晓明、美林小学教师赵晶、内蒙古农业大学2009级园林专业双语班学生赵一阳等人，先后加入课题组，参与了调查和报告的整理工作。

利用2008年暑假、2008年寒假、2009年暑假和2009年寒假，课题组共进行了4次集中的调查和采访。调查的方法是先收集有关文献资料，在熟悉文献资料的基础上，进行入村入户调查。入村入户调查的具体方法有三个：其一是观察；其二是访谈；其三是填写调查表。

在调查的过程中，富裕地村委会给予了大力协助，正是由于村委会提供了保存多年的档案材料，才使得调查报告的历史数据非常详细可靠。大富裕沟村的曹凤瑞、白永民、张振奎等人，不仅陪同走访村民，还提供了很多口述材料，在此深表感谢。同时还要感谢的是我的父亲、哥哥、嫂子、弟弟、妹妹，他们都是我访谈的对象，在访谈过程中，他们认真地配合调查，提供了真实而详尽的材料。

由于我和课题组的成员都来自本村，调查采访没有任何阻力，在相互信任的基础上，在轻松愉快的气氛中，完成了一次又一次的调查工作。

课题调查和报告撰写工作的分工是：由我全面负责调查和部分报告的撰写及全书统稿工作；吴常英负责调查基层政权建设与撰写该部分报告初稿；孟显福负责调查社会生活和撰写该部分报告初稿；张晓明负责调查富裕地村教育和撰写该部分报告初稿；赵晶负责调查方言并撰写该部分报告初稿；赵一阳负责调查环境治理与保护措施并撰写该部分报告初稿。需要说明的是，为了全书的风格一致，对初稿均有较大幅度的改动，在此向初稿提供者表示歉意。

于　永

2011 年 1 月 22 日

图书在版编目（CIP）数据

燕北山区的蒙汉杂居村：内蒙古喀喇沁旗王爷府镇富裕地村调查报告/于永等著.—北京：社会科学文献出版社，2012.9
（当代中国边疆·民族地区典型百村调查.内蒙古卷.第2辑）
ISBN 978-7-5097-3650-0

Ⅰ.①燕… Ⅱ.①于… Ⅲ.①农村调查－调查报告－喀喇沁旗 Ⅳ.①D668

中国版本图书馆CIP数据核字（2012）第176662号

当代中国边疆·民族地区典型百村调查：内蒙古卷（第二辑）
燕北山区的蒙汉杂居村
——内蒙古喀喇沁旗王爷府镇富裕地村调查报告

著　　者 /	于　永等
出 版 人 /	谢寿光
出 版 者 /	社会科学文献出版社
地　　址 /	北京市西城区北三环中路甲29号院3号楼华龙大厦
邮政编码 /	100029
责任部门 /	人文分社（010）59367215　责任编辑 / 周志静　刘　丹
电子信箱 /	renwen@ssap.cn　责任校对 / 李海云
项目统筹 /	宋月华　范　迎　责任印制 / 岳　阳
经　　销 /	社会科学文献出版社市场营销中心（010）59367081　59367089
读者服务 /	读者服务中心（010）59367028
印　　装 /	北京季蜂印刷有限公司
开　　本 /	889mm×1194mm　1/32　本册印张 / 7.5
版　　次 /	2012年9月第1版　本册插图 / 0.25
印　　次 /	2012年9月第1次印刷　本册字数 / 166千字
书　　号 /	ISBN 978-7-5097-3650-0
定　　价 /	148.00元（共4册）

本书如有破损、缺页、装订错误，请与本社读者服务中心联系更换
▲ 版权所有　翻印必究